KB166876

SPARKNOTES™

백 년 동안의 고독

One Hundred Years of Solitude

가브리엘 가르시아 마르케스

다락원 | Spark Publishing

SPARKNOTES™ 042

백 년 동안의 고독

펴낸이 정규도
펴낸곳 (주)다락원

초판 1쇄 인쇄 2011년 1월 18일
초판 1쇄 발행 2011년 1월 25일

책임편집 안창열
디자인 정현석
번역 오성환
표지삽화 손창복

다락원 경기도 파주시 교하읍 문발리 509-1
내용문의: (031)955-7272(내선 400)
구입문의: (02)736-2031(내선 112~114)
Fax:(02)732-2037
출판등록 1977년 9월 16일 제300-1977-23호

값 7,000원

ISBN 978-89-277-1991-5 43740

세계의 교양을 읽는다

고전을 왜 읽는가?

인간의 삶과 세상에 대한 영원한 물음이 있기 때문이다. 시대와 사상을 뛰어넘어 지금 여기 우리에게 필요한 물음이 없는 고전은 더 이상 고전이 아니다. 인간과 삶에 대한 근원적인 물음 없이 고전을 읽는다면 자신과 인간에 대한 성찰과 지혜로 이어지지 않는다. 논술 시험 때문에, 과제물 때문에, 아니면 남들이 읽으니까, 나도 읽는다는 식이라면 그 책은 죽은 책일 수밖에 없다.

고전을 살아 있는 책으로 만드는 이 '물음!'에 답하기 위해서는 좋은 길잡이가 필요하다. 오랜 기간 동안 미국의 고교생과 대학 주니어들이 시험, 에세이 작성, 심층토론 준비를 위해 바이블처럼 애용해온 'SPARKNOTES'와 'CliffsNotes'는 바로 그런 좋은 길잡이의 표본이다.

SPARKNOTES와 CliffsNotes의 가장 큰 장점은 방대하고 난해한 고전을 Chapter별로 요약하고 분석해서 원전의 내용에 보다 쉽고 체계적으로 접근하는 신속·간편성이라고 할 수 있다.

대입논술로 고민하고, 자칭 타칭의 고전이 넘쳐나는 오늘의 독서 풍토에서 지적 정복이 긴박한 대한민국 학생들에게 감히 이 시리즈를 자신있게 권한다.

—以貫之 논술연구모임 연구실장 이호곤

차례

이 책의 구성

SPARKNOTES와 CliffsNotes는 방대하고 난해한 원작을 보다 쉽게 이해할 수 있도록 돕는 안내서입니다. 여기에는 원작 이해를 돕기 위해 매 장마다 '요점 정리(또는 줄거리)'와 '풀어보기'가 실려 있습니다. '요점 정리(또는 줄거리)'에는 원저의 내용을 일목요연하게 정리해 놓아 저자가 전달하려는 내용을 어렵지 않게 파악할 수 있습니다. '풀어보기'에서는 철학서의 경우, 원저에 담긴 저자의 사상이나 관련 철학, 시대 상황, 논점 등을, 문학 작품인 경우에는 원작에 담긴 문학적 경향, 등장인물의 심리상태, 주제 등을 설명해 놓았습니다. 분석적이고 비판적인 글읽기의 바탕이 되는 요소들이죠. 비소설이나 소설을 막론하고 분석적이고 비판적인 글읽기는 독자에게 꼭 필요한 자질입니다.

그밖에도 원저를 좀더 깊이 복습해서 제대로 소화할 수 있도록 돕기 위해 'Study Questions'와 'Review Quiz' 등을 마련해 놓았습니다.

* 〈 〉는 철학서, 장편소설, 중편소설, 수필집, 시집. " "는 단편소설, 논문
* 작품명은 독자의 이해를 돕기 위해 예외적인 경우를 제외하고는 영어식으로 표기함.

간추린 명작 노트

작가와 작품에 대하여

콜롬비아의 작은 마을 아라카타카에서 태어난 가브리엘 가르시아 마르케스 Gabriel García Máquez(성은 가르시아 마르케스, 이름은 가브리엘. 1928-)는 지역신문 기자로 활동하면서 1950년대 중반부터 단편과 장편 소설을 발표했다. 그는 〈백 년 동안의 고독 *One Hundred Years of Solitude*〉(1967)을 내놓으면서 국제적 명성을 얻었으며, 1960년대와 1970년대 라틴 아메리카 작품의 인기 상승을 일컫는 '라틴 붐'을 이끈 작가 가운데 한 사람이자 1982년에는 노벨 문학상을 수상했다. 대표작 〈백 년 동안의 고독〉은 당시의 작품들 가운데 가장 중요하고 가장 많이 읽힌 소설이며, 작품 구조 속에 씨줄과 날줄로 짜인 꿈과 환상적 요소들이 특징인 소위 마술적 사실주의(magical realism) 운동에서도 중심적이고 선구적인 역할을 했다.

그의 작품에서 나타나는 마술은 어린이의 눈으로 세상을 창조한 결과의 일부다. 그는 여덟 살 이후에는 자기에게 진정으로 중요한 사건은 일어나지 않았다면서, 그의 작품들에서는 어린 시절의 분위기가 묻어나고 고향에서 많은 영감을 얻었다고 말한 적이 있다. 따라서 독자들은 아라카타카와 허구의 마을 마콘도의 역사 사이에서 유사점을 많이 발견할 수 있을지 모른다. 20세기 초, 두 도시는 외국 과일회사들이 근교에 많은 농장을 건설하면서 크게 번창했으나 가르시아 마르케스가 태어날 때쯤에는 마콘도의 몰락에서 그대로 나타나듯 빈곤과 잊혀진 땅으로 서서히 쇠퇴하기 시작했다.

이 작품은 작가의 체험에 바탕을 두고 있으면서도 라틴 아메리카 전체에 적용되는 정치적 이념과 사회적 현실들도 반영한다. 라틴 아메리카에는 한때 원주민 아즈텍족과 잉카족이 번영을 누렸으나 유럽 탐험가들을 따라 유입된 기술과 자본주의에 적응하지 않을 수 없었다. 마찬가지로 아주 소박한 정착촌 마콘도에도 외부 사람들이 찾아오면서 화폐와 기술이 보편화되었다. 〈백 년 동안의 고독〉은 라틴 아메리카의 순결한 초기 성장 단계뿐만 아니라 여러 라틴 아메리카 국가들의 오늘날 정치적 위상도 반영하고 있다. 마콘도의 정권이 계속 교체되듯, 라틴 아메리카 국가들도 안정적이면서 조직화된 정부를 수립할 능력이 없는 것 같다. 예컨대, 이 작품 속에서 권력을 장악하는 여러 독재정권은 니카라과, 파나마, 쿠바를 통치했던 독재체제를 나타낸다. 가르시아 마르케스의 정치 성향은 아주 혁명적이고 심지어 공산주의적이기도 하며, 쿠바의 혁명 지도자 피델 카스트로(Fidel Castro. 1926-)와는 친구 사이이다. 그러나 잔인한 독재체제 들에 관한 묘사는 공산주의에는 동조하더라도 공산주의가 종종 탄생시키는 잔인한 정권까지 지지하는 것은 아니란 사실을 보여준다.

따라서 이 작품은 부분적으로는 가르시아 마르케스가 체험한 현실을 허구적인 이야기로 표현하려는 시도이지만, 광범위한 경험 영역에 호소력을 발휘하는 방식에서 그 중요성을 찾아볼 수 있으며 지극히 야심적이다. 내전, 농장, 노동 불안을 묘사하는 과정에서 어느 정도는 내전과 폭력 등으로 점철된 20세기 전반의 콜롬비아 역사를 전하는 한편, 좀더 넓게는 라틴 아메리카의 식민주의 지배와 현대화에 맞선 투쟁을 그리면서도 단순히 라틴 아메리카의 경험에만 머물지 않고 인간 본성에 관한 더욱 큰 문제에도 관심을 갖는 것이다. 결국 허구와 환상으로 위장된 특정한 사회적 · 역사적 환경뿐만 아니라 소외와 고독에 깃든 슬픔과 사랑의 가능성도 다루고 있는 것.

전체 줄거리

마콘도 마을은 이따금 얼음과 확대경 같은 제품을 팔러 오는 집시들을 제외하면 오랜 세월 동안 외부 세계와 접촉이 없었다. 가장 호세 아르카디오 부엔디아는 충동적이면서 탐구적이며, 지도자 지위를 유지하면서도 신비한 문제들을 집요하게 탐구하며 다른 사람들로부터 소외를 자초하고 철저히 고독한 생활을 이어간다. 이 같은 성격적 특성은 자손들에게도 계속 대물림되어 장남 호세 아르카디오는 아버지의 엄청난 완력과 조급한 성격을, 그리고 차남 아우렐리아노는 신비에 집착하는 성격을 물려받는다. 마을 주민들이 그 지역의 다른 마을들과 접촉하게 되면서 마을은 점차 순박함을 잃고 고립 상태에서도 벗어난다.

내전이 시작되면서 평화로운 마콘도에는 과거 경험하지 못했던 폭력과 죽음이 초래되고, 아우렐리아노 부엔디아는 진보파 반군지도자인 대령이 된다. 부엔디아 대령이 명성을 얻는 과정에서 마콘도는 전원적이고 마술적인 은신처에서 외부세계와 불가분의 관계를 맺는 마을로 변화한다. 마콘도에서는 전시와 전후에 여러 차례 정권이 바뀐다. 한때는 부엔디아 가문에서 가장 잔인한 아르카디오가 독재적인 통치를 하다가 총살당한다. 나중에 읍장이 새로 임명되고 또 한 차례 내란이 일어나 읍장이 살해될 때까지 평화로운 통치가 계속된다. 읍장이 죽은 후 평화조약이 조인되어 내란은 끝난다.

이 소설이 시작되어 끝날 때까지 1세기 이상이 흐른다. 따라서 가르시아 마르케스가 묘사하는 대부분의 사건들은 부엔디아 가문의 삶, 즉 탄생, 사망, 결혼, 사랑 등에서 중요한 전환점이 된다. 그 가문의 일부 사내들은 야성적인 호색한이며 사창가에 드나들고 첩을 거느린다. 다른 일부는 조용하고 고독한 성격으로 방에 틀어박혀 황금물고기를 만들거나 고문서 연구에 열중한다. 여자들도 기숙학교에서 친구 72명을 집에 데려온 적이 있는 메메처럼 지나치게 외향적인 성격에서부터 결혼하고 신방에 들 때 가랑이에 구멍이 뚫린 특수 잠옷을 입는 페르난다 델 카르피오처럼 단정한 숙녀를 자처하는 성격까지 다양하다.

안주인 우르술라 이가란은 가족이 위대해질 운명이라고 믿으면서 식구들의 다양한 차이점에도 불구하고 가족을 단합시키기 위해 헌신적으로 노력한다. 그러나 마콘도 마을과 마찬가지로 부엔디아 가문에도 현대 문명의 원심력이 파괴적인 영향을 미친다. 바나나 농장이 들어와 토지와 노동자들을 착취함에 따라 제국주의적인 자본주의가 나타나고, 농장을 소유한 미국인들은 마콘도 마을 부근에 전용 거주지역을 만들고 울타리로 둘러친다. 결국 비인간적인 처우에 분노한 바나나 농장 노동자들은 파업을 벌인다. 농장 소유주들의 편을 드는 군대가 노동자 3천여 명을 학살한다. 시체를 기차에 실어 바다에 버릴 때 내리기 시작한 비는 5년여 동안 계속되어 마콘도는 홍수로 마지막 쇠퇴기에 접어든다. 여러 해에 걸친 폭력사태와 사이비 진보 때문에 타격을 입은 마을은 쇠퇴하기 시작하고 부엔디아 가문도 지나간 시대에 대한 향수에 사로잡힌 채 마지막 소멸 과정에 들어선다. 이 작품은 시작할 때와 거의 비슷한 상황 속에서 끝난다. 마을은 다시 고립상태에 빠지고, 몇 남지 않은 부엔디아 가문 사람들은 바깥세상과 단절된 채 외로운 종말을 맞을 운명 속에서 내향적으로 변하고 근친상간을 저지른다. 생존한 부엔디아 가문의 마지막 후손 아우렐리아노(Ⅱ)가 끝 장면에서 예언을 전부 해석하고 예언이 모두 실현되었다는 사실을 알게 된다. 즉 마을과 주민들은 위대한 아름다움과 비극적인 슬픔이 통합된 한 차례 정해진 운명의 주기를 살았을 뿐이었던 것.

등장인물

이 작품의 주제 하나는 역사가 주기적으로 반복되는 방식이다. 각 세대는 앞 세대의 과오들을 되풀이하고, 승리를 기념하는 운명에 처하는데, 그 점을 극적으로 만들기 위해 작가는 부엔디아 가문 사람들에게 지극히 선택이 제한된 이름을 붙여준다. 6대에 걸쳐 남자들에게는 호세 아르카디오 또는 아우렐리아노, 여자들에게는 우르술라, 아마란타 또는 레메디오스란 이름이 붙여지는데, 같은 이름을 가진 인물들의 구분이 종종 어려울 수 있으며, 어느 정도는 예상된 것이다. 결국 작가가 강조하려는 점은 인간의 본성은 사실상 변하지 않고, 부엔디아 가문은 반복주기에 묶여 있다는 것이다. 그러나 줄거리 전개 과정을 명확히 파악하려면 주인공들의 이름에 나타나는 약간의 차이점에 주목해야 한다. 예컨대, 호세 아르카디오 부엔디아는 아들 호세 아르카디오와는 성격이 아주 다르다. 아들의 성도 '부엔디아'이지만, 작가는 절대 언급하지 않고 '호세 아르카디오'라고만 부르는 식이다.

스파크노트에서는 두 인물이 똑같은 이름으로 불릴 경우(예를 들어, 아우렐리아노 세군도의 아들 '호세 아르카디오')에 독자들의 이해를 돕기 위해 원문에는 없는 로마 수를 추가시켰다. 따라서 두 번째 호세 아르카디오는 호세 아르카디오(Ⅱ)로 표기되며, 2세대 호세 아르카디오의 아들이 아니란 사실을 기억하자.

부엔디아 가문

| 1세대 |

● **호세 아르카디오 부엔디아** José Arcadio Buendia | 부엔디아 가문의 시조. 마콘도의 창설자이며 가장 위엄 있는 시민. 거구이며 막강한 힘과 열혈 탐구심을 지녔다. 비전(秘傳)의 실용지식을 얻기 위해 충동적이고 광적으로 몰두하며, 외부와의 접촉을 단절한 채 병적으로 연구에 집착하다가 만년에는 정신병자가 되어 수년간 저택 뒷마당의 밤나무에 결박당한 채 사제만 이해하는 라틴어를 지껄이며 살아간다. 아내는 우르술라 이가란, 자녀는 호세 아르카디오, 아우렐리아노 부엔디아 대령, 아마란타.

● **우르술라 이가란** Úrsula Iguarán | 몸집이 작고 만사에 적극적인 안주인이자 아르카디오 부엔디아의 아내. 100살 훨씬 이후까지 살면서 냉철한 상식으로 가문을 지키기 위해 노력한다. 종종 상황이 특히 나빠질 때는 저택을 수리하

고 가문에 새 생명을 불어넣으면서 물심양면으로 가문의 활력을 되살린다.

| 2세대 |

● **아마란타** Amaranta | 우르술라 이가란과 호세 아르카디오 부엔디아의 딸이자, 아우렐리아노 부엔디아 대령과 호세 아르카디오의 누이동생. 레베카가 피에트로 크레스피를 가로챘다고 생각하며 질투하고 증오하는 표독하고 오만한 여자. 여러 면에서 남성 공포증이 특징인데, 나중에 그녀에게 구애를 거부당한 피에트로 크레스피가 자살하자 참회의 뜻으로 스스로 한쪽 손에 화상을 입히고 검은 붕대로 감은 채 고독하게 여생을 보낸다. 만년에는 게리넬도 마르케스 대령에게 사랑을 느끼지만 과거의 두려움과 괴로움 때문에 받아들이지 않는다. 그녀가 기른 조카 아우렐리아노 호세도 저돌적으로 접근한다.

● **아우렐리아노 부엔디아 대령** | Colonel Aureliano Buendía 호세 아르카디오 부엔디아와 우르술라 이가란의 차남. 앞일을 내다보는 초능력을 지녔으며 고독과 수수께끼 속에 성장한다. 보수파 정부의 부패에 분노를 느끼고 진보파 반군에 합류, 지도자인 대령이 된다. 수년간 전쟁을 치르고 나자 감정이 메마르고 기억력이 쇠퇴하며, 평화협정

에 서명한 후에는 작업실에 틀어박혀 황금물고기를 만들면서 외롭고 아무런 감정 없이 살아간다. 아내 레메디오스 모스코테와 사별한 후에 필라르 테르네라와의 사이에서 아우렐리아노 호세를 낳고, 내전으로 이곳저곳을 돌며 17명의 다른 여자들로부터도 아들을 하나씩 얻어 모두 아우렐리아노란 이름을 붙인다.

● **레메디오스 모스코테** Remedios Moscote | 아우렐리아노 부엔디아의 어린 신부. 갑작스럽게 세상을 떠나기 전까지 잠시 동안 부엔디아 가문의 분위기를 밝게 만든다. 유산(流産)으로 사망했을 가능성이 크다.

● **호세 아르카디오** José Arcadio | 우르술라 이가란과 호세 아르카디오 부엔디아의 장남. 아버지로부터 놀라운 힘과 충동적인 욕구를 물려받는다. 집시 처녀를 따라 가출했다가 짐승 같은 인간이 되어 돌아와 가족이 입양한 고아 레베카와 결혼한다. 필라르 테르네라와의 사이에서 (호세) 아르카디오를 낳는다. 아우렐리아노 부엔디아 대령과 아마란타는 동생들.

● **레베카** Rebeca | 태생은 수수께끼이며, 부엔디아 가문에 입양되는 고아. 초조해지면 손가락을 빨고 흙과 석회를

먹는 습관이 있으며, 겉으로 보기에는 사교적이지만 아무에게도 마음을 내보이지 않는다. 마을에 불면증을 전염시켜 주민들이 기억을 상실하게 만들고, 남편 호세 아르카디오가 죽자 낡은 집에 틀어박혀 사회와 부엔디아 가문의 고아 노릇을 자청하는 것 같다.

| **3세대** |

● **아우렐리아노 호세** Aureliano José | 아우렐리아노 부엔디아 대령과 필라르 테르네라의 아들. 고모 아마란타에게 집요한 사랑을 느끼며, 그녀가 관계를 끊자 아버지 수하에 입대한다. 그러나 그녀에게 돌아가기 위해 탈영하자 공포에 질린 그녀가 거부한다. 보수파 병사들에게 살해된다.

● **아르카디오** Arcadio | 호세 아르카디오와 필라르 테르네라의 아들. 소년 시절에는 유순해 보였으며, 읍내 학교의 교장이 된다. 반란의 와중에 부엔디아 대령이 마콘도의 읍장에 임명하자 질서에 집착하는 악랄한 독재자로 판명된다. 보수파 군대가 도시를 재탈환하면서 살해된다. 자녀는 아내 산타 소피아 데 라 피에다드와의 사이에 미녀 레메디오스, 아우렐리아노 세군도, 호세 아르카디오 세군도를 두었다.

● **산타 소피아 데 라 피에다드** Santa Sofía de la Piedad |

거의 눈에 띄지 않는 조용한 여자. 아르카디오의 아내이자, 미녀 레메디오스, 아우렐리아노 세군도, 호세 아르카디오 세군도의 어머니. 남편이 죽은 후 열의 없이 가족을 돌보며 오랜 세월 부엔디아 저택에서 살아간다. 실존하지 않는 듯이 지내다 나이가 들고 지치자 가출한 후 소식이 끊긴다.

| 4세대 |

● **미녀 레메디오스** Remedios the Beauty | 아르카디오와 산타 소피아 데 라 피에다드의 딸. 세상에서 가장 아름다운 여인이 되어 욕망에 달뜬 많은 사내들을 죽음으로 몰아넣는다. 남자들에 대한 힘을 깨닫지 못하고 순진무구하게 살다가 어느 날 갑자기 산 채로 승천하면서 마콘도에서 모습을 감춘다.

● **호세 아르카디오 세군도** José Arcadio Segundo | 아르카디오와 산타 소피아 데 라 피에다드의 아들. 쌍둥이 아우렐리아노 세군도와 출생 때 바뀌었을 가능성이 높다. 어린 시절 처형 장면을 보고 경악한 나머지 고독 속에 빠져 종조부 아우렐리아노 부엔디아 대령처럼 점차 학자풍으로 변모한다. 닭싸움과 방랑을 즐기며, 바나나 회사에 저항하는 파업 노동자들의 지도자 역할에서 삶의 의미를 발견하지만, 그들이 학살될 때 유일하게 살아남은 목격자로서 마을사람들이

그 사실을 믿지 않자 멜키아데스의 낡은 서재에 은둔하면서 오래된 예언을 해석하고 대학살의 기억을 보존하기 위해 노력한다.

● **아우렐리아노 세군도** Aureliano Segundo | 아르카디오와 산타 소피아 데 라 피에다드의 아들. 쌍둥이 호세 아르카디오 세군도와 출생 때 바뀌었을 가능성이 높다. 젊은 시절, 작은 할아버지 아우렐리아노 부엔디아 대령처럼 고독한 연구생활에 관심을 보였으나 차츰 호세 아르카디오들이 지녔던 특징을 모두 보이기 시작한다. 체구가 거대하고, 거칠고, 충동적이고, 쾌락을 추구하는 것. 페트라 코테스를 사랑하면서도 냉담한 페르난다 델 카르피오와 결혼하며, 슬하에는 메메, 호세 아르카디오(Ⅱ), 아마란타 우르술라를 두었다.

● **페르난다 델 카르피오** Fernanda del Carpio | 아우렐리아노 세군도의 아내이며, 메메, 호세 아르카디오(Ⅱ), 아마란타 우르술라의 어머니. 가난한 귀족 가문에서 자랐으며, 매우 거만하고 신앙심이 돈독하다. 무미건조한 종교와 귀족의 예의범절로 부엔디아 가문에 깊은 인상을 주려 하지만 실패한다.

| **5세대** |

● **호세 아르카디오(Ⅱ)** José Arcadio(Ⅱ) | 아우렐리아노 세군도와 페르난다 델 카르피오의 장남. 교황이 되어야 한다는 우르술라의 기대를 저버린 채 이탈리아의 신학교를 그만두고 돌아와 10대 청소년들과 방탕한 생활을 하다가 돈을 털리고 살해당한다.

● **아마란타 우르술라** Amaranta Úrsula | 아우렐리아노 세군도와 페르난다 델 카르피오의 딸. 벨기에인 남편 가스톤과 함께 고향으로 돌아와 파멸해가는 마콘도와 부엔디아 가문에 다시 활력을 불어넣으려고 하지만 이미 늦었다. 조카 아우렐리아노(Ⅱ)와 사랑에 빠져 부엔디아 가문의 마지막 아기 아우렐리아노(Ⅲ)를 낳은 직후 세상을 떠난다.

● **가스톤** Gaston | 아마란타 우르술라의 벨기에인 남편. 애정이 깊고 교양이 넘치지만, 황폐해진 마콘도에서 소외감을 느낀다. 항공우편회사를 창업하기 위해 벨기에로 떠났다가 아내와 아우렐리아노(Ⅱ)의 불륜관계를 알게 되면서 돌아오지 않는다.

● **메메** Meme | 아우렐리아노 세군도와 페르난다 델 카르피오의 딸이며, 실제 이름은 레나타 레메디오스. 어머니를 기쁘게 해주기 위해 조신하게 공부하는 척하지만, 사실은

아버지처럼 쾌락주의자다. 바빌로니아 마우리치오와 애정 행각을 벌이다가 어머니에게 발각되어 수녀원에 감금된 채 여생을 보낸다. 마우리치오와의 사이에서 아우렐리아노(Ⅱ)를 낳는다.

| 6세대 |

● **아우렐리아노(Ⅱ)** Aureliano(Ⅱ) | 메메와 마우리치오 바빌로니아 사이에서 태어난 사생아. 할머니 페르난다 델 카르피오가 창피하다며 몰래 키우는데, 나중에 학자가 되어 멜키아데스의 예언을 해독한다. 이모 아마란타 우르술라와의 사이에서 부엔디아 가문의 마지막 아기 아우렐리아노(Ⅲ)를 낳는다.

부엔디아 가문 이외

● **멜키아데스** Melqúiades | 마콘도에 갖가지 놀라운 제품을 들여오며, 부엔디아 가문과 친구가 되는 집시. 마콘도에서 최초로 죽는 인물. 지식을 탐구하는 호세 아르카디오 부엔디아에게 안내자 역할을 하며, 죽은 뒤에도 부엔디아 가문의 후손들을 지도하기 위해 돌아온다. 그의 신비스럽고 해독 불가능한 예언은 부엔디아 가문을 여러 세대 동안 괴

롭히다가 마침내 작품의 끝부분에서 아우렐리아노(Ⅱ)에 의해 해석되는데, 예언되었던 마콘도의 전체 역사를 담고 있다.

● **필라르 테르네라** Pilar Ternera | 불타는 욕정을 지닌 매춘부 겸 포주. 호세 아르카디오의 아들 아르카디오와 아우렐리아노 부엔디아 대령의 아들 아우렐리아노 호세의 생모이자, 은근한 지혜를 통해 부엔디아 가문을 인도하는 점술가이기도 하다. 마콘도 최후의 날까지 생존하는 인물.

● **페트라 코테스** Petra Cotes | 아우렐리아노 세군도의 첩. 두 사람의 뜨거운 사랑이 목장 가축들의 번식을 자극하는 듯 거부가 된다. 홍수로 가난해진 뒤에도 계속되는 깊은 사랑은 이 작품에서 나타나는 가장 순수한 감정 가운데 하나로 꼽힌다.

● **마우리치오 바빌로니아** Mauricio Babilonia | 메메의 애인이며, 갈색 피부의 견습기계공. 메메와 밀회를 즐기기 위해 담을 넘다가 그들의 사랑을 반대하는 페르난다 델 카르피오가 읍장에게 요청하여 배치한 경비병의 총에 맞아 전신마비 상태로 살아간다. 메메가 낳은 아우렐리아노(Ⅱ)의 아버지.

● **피에트로 크레스피** Pietro Crespi | 친절하고 섬세한 이탈리아 음악가. 아마란타와 레베카의 사랑을 받지만, 레베카는 남자다운 호세 아르카디오와 결혼하고, 아마란타에게는 구애를 거절당하는 신세가 되면서 자살한다.

● **게리넬도 마르케스 대령** Colonel Gerineldo Márquez | 아우렐리아노 부엔디아 대령의 동료이자 내란에 싫증을 느낀 최초의 인물. 아마란타를 사랑하지만, 거절당한다.

● **돈 아폴리나르 모스코테** Don Apolinar Moscote | 레메디오스 모스코테의 아버지이자 중앙정부에서 임명된 마콘도 읍장. 보수파이며 선거조작을 도와 당의 승리를 이끈다. 부분적으로는 그의 부정한 행동 때문에 아우렐리아노 부엔디아가 진보파에 가담한다.

주요 등장인물 분석

호세 아르카디오 부엔디아

마콘도의 창설자이며 가장으로서 위대한 지도력과 고대 세계의 순결을 상징한다. 미개척지에 들어가 마콘도를 건설하고, 고립된 마콘도와 외부세계 사이의 통로를 찾아내는 타고난 탐험가. 아담을 상징하는 인물상이며, 후손들의 지적 탐구에 반영된 그의 탐구열은 결국 가문의 순결 상실을 초래한다. 가문을 현대화시키고, 집시가 가져온 날아다니는 카페트를 보고 연구실에 칩거하며, 더욱 현대적인 과학적 공상을 좇아 이러한 고대의 마술에 등을 돌리면서 마콘도가 지닌 에덴 같은 상태의 종식을 재촉한다.

그러나 환멸보다 광기가 먼저 찾아온다. 영구운동을 창조해내는 수단—물리적으로 불가능—을 발견했다고 생각한 직후, 정신이상을 일으켜 같은 날이 계속 반복된다고 확신하는 것. 어떤 의미에서는 그가 주장하는 영구운동의 발견은 너무 심오한 나머지 인간의 정신이 감당할 수 없는 일종의 절대적인 지식에 도달한 것이다. 영구운동은 시간이 존재하지 않는 세계에서 존재할 수 있을 뿐이고, 그에게는 세계가 그 상태가 되는 것이며, 어떤 의미에서는 소설 전체의 시간도 그렇게 된다. 즉 과거, 현재, 미래가 종종 겹

쳐지는 것. 그처럼 시간의 중복을 통해 그는 유령의 모습으로 후손들 앞에 나타날 수 있고, 따라서 그의 존재는 언제나 마콘도에서 감지될 것이다.

아우렐리아노 부엔디아 대령

내전이 진행될 동안 계속 반군을 이끄는 가장 위대한 군인이자 소설에서 가장 위대한 예술가. 시인이면서 숙련된 은세공사이고, 정교한 황금물고기를 수백 마리나 제작한 장인. 깊은 감정을 느끼지 못하기 때문에 전투에서 평상심을 유지하고 예술적 집중력을 발휘할 수 있지만, 작가는 힘들여 완성한 세공품을 녹여 다시 제작하는 행동의 묘사를 통해 침착한 태도와 집중력이 가치가 없다는 것을 보여준다.

실제로 어떤 물건이나 사람에게 진정으로 감동받는 경우가 결코 없다. 어린 신부 레메디오스 모스코테가 처음에는 그에게 실제로 영향력을 발휘하는 것 같지만, 그녀가 죽자 슬픔이 예상만큼 깊지 않다는 것을 깨닫는다. 내전 기간 동안 감정은 더욱 경직되고 결국 기억력과 감수성도 소모된다. 자작시를 모두 태우고, 생명이 끝날 무렵에는 새로운 황금물고기 제작은 중단한 채 25마리를 만들었다가 녹여 다시 만드는 방법으로 오직 현재 속에서만 살면서 시간이 주기적으로 순환하고 자신처럼 기억이 없는 사람에게는 현재만 존재한다는 것을 인정한다.

자살 기도는 내전이 공허하며 오로지 자존심이 양측을 계속 싸우게 만들고 있다는 것을 깨달을 때의 절망감이 얼마나 깊은지를 보여준다. 그의 환멸은 공허감으로 인한 절망일 뿐만 아니라 절망에서 생기는 공허감에 대한 감동적인 논평이다.

우르술라 이가란

등장인물들 가운데 가장 장수하고, 세 자녀보다 오래 살면서 새로운 세대의 자손들이 태어나는 것을 목격한다. 대부분의 친척들과 달리 심각한 정신적 불안 때문에 고생하지 않는다는 의미에서 어쩌면 마콘도에서 가장 강인한 인물일지 모른다. 부모도 모르는 레베카를 입양해서 친딸처럼 키우고, 나그네들도 반가이 식사에 초대하는 따뜻한 마음의 소유자. 모든 후손이 여러 차례의 내전과 불미스러운 사건에 휘말리기 때문에 가문을 유지하는 일이 쉽지 않지만, 가족의 단결을 위해 이따금 냉혹한 제재조치를 취한다. 예컨대, 호세 아르카디오와 레베카가 정분이 나자 집에서 내쫓는데, 부분적으로는 근친상간에 대한 끊임없는 두려움 때문이다. 두 사람은 실제로 피가 섞이지는 않았으되, 먼 친척간의 근친상간 행위로 인해 부엔디아 가문의 누군가가 돼지꼬리 달린 아기를 낳게 되는 사태가 벌어지지나 않을지 겁이 나는 것이다. 그녀 자신과 호세 아르카디오 부엔디아의 결혼도 그들이 사촌간이기 때문에 근친상간이며, "그 것은 돼지꼬리를 달고 태어나는 것보다 더 나쁘다"고 자주 말하며 자녀들의 행동에서 결함은 없는지 항상 눈여겨본다. 가족을 한데 묶으면서도 가족의 극단적 유대관계인 근친상간이 가문에 재앙을 초래할 것을 두려워하는 모순된 성격을 갖고 있다.

아우렐리아노(II)

지식을 갈구하는 고독하고 파괴적인 부엔디아 가문 사람의 가장 순수한 사례다. 사생아로 태어난 사실을 수치스럽게 여긴 할머니 페르난다 델 카르피오에 의해 극도로 고립된 채 생활한다. 성인이 되기 전에는 집 밖으로 나간 적이 없으나 외롭게 살면서 거의 마술적인 수준의 지식을 얻는다. 가문이 소장한 서적에서 읽을 수 있는 내용보다 훨씬 많은 지식을 지녔는데, 엄청난 분량의 광범위한 지식을 기적적으로 가까이한 것 같다. 이모 아마란타 우르술라와 관계를 맺은 후, 부엔디아 가문의 마지막 후손(돼지꼬리를 달고 태어난 그의 아들)이 개미떼에게 뜯어 먹히는 광경을 목격한다. 마침내 예언을 해석하는 동안의 읽기 행위와 마콘도의 파멸을 미리 알려주는 멜키아데스의 예언을 해석한다. 따라서 독자와 비슷하게 예언을 읽고 해석하는 행위를 통해 마콘도의 운명을 예언하는 인물.

주제, 모티프, 상징

| 주제 |

문학 작품에서 전체 내용을 관통하는 근본적이고 포괄적인 생각.

경험한 현실의 주관성

처음에는 이 작품에 내재된 사실주의와 마술이 상반되는 것 같지만, 실은 완전히 조화를 이루며, 세계에 대한 가르시아 마르케스의 독특한 인식을 전달하기 위해 필요한 요소들이다. 그의 소설은 관찰자 한 사람의 경험이 아니라 다른 배경을 가진 사람들 개개인이 경험한 현실을 반영한다. 이 같은 복수의 관점은 현대와 전근대 사이에 끼어 있고, 내전에 시달리며, 제국주의에 유린당한 라틴 아메리카의 독특한 현실에 특히 적합하다. 그곳에서는 사람들의 경험이 좀더 동질적인 사회에서보다 훨씬 더 다양하기 때문이다. 마술적 사실주의는 미신과 종교를 세계 속에 주입시키는 마술을 꿰어 맞춘 현실을 전달한다.

이 소설은 성서 이야기와 토착 라틴 아메리카 신화가 역사적 신빙성을 지닌 것처럼 다룬다. 이 같은 접근법은 평범한 삶들 속에 흐르는 중요하고 강력한 몇 가지 마술이 서구의 논리와 이성을 강조하는 과정에서 희생되었다는 일부 라틴 아메리카 작가들의 공감대에서 파생되었을 가능성이 높다. 만약 가르시아 마르케스가 현실과 허구를 혼동하는 것처럼 보인다면, 몇몇 관점에서는 허구가 현실보다 더 진실하며 그 역도 성립하기 때문일 뿐이다. 예를 들어, 마콘도의 노동자 대학살과 유사한 사건을 경험한 작가의 고향 같은 곳에서는 상상할 수 없는 추악한 상황이 다반사로 벌어졌다. 따라서 현실은 무섭고도 매혹적인 환상처럼 보이기 시작하고, 그의 소설은 그 같은 현실 인식을 재창조하고 파악하려 든다.

과거, 현재, 미래의 불가분성

대대손손 되풀이되는 이름에서부터 각종 성격과 사건의 반복에 이르기까지 시간은 과거, 현재, 미래로 깔끔하게 구분되지 않는다. 우르술라 이가란은 언제나 가장 먼저 마콘도에서의 시간이 유한하지 않고 계속 되풀이되며 전진하는 것을 깨닫는다. 때로는 이 같은 시간의 동시성은 기억상실로 이어져 주민들이 미래를 알 수 없는 것처럼 과거를 알지 못하고, 때로는 미래가 과거를 회상하는 것처럼 쉬워지기도 한다. 마치 다양한 사건들이 모두 동시에 일어나는 것처럼 소설이 시작될 때부터 이미 그 끝을 볼 수 있었던 늙은 집시 멜키아데스의 예언은 시간 속의 사건들이 연속적이란 것을 증명한다. 마찬가지로, 멜키아데스와 호세 아르카디오 부엔디아 유령들의 존재는 그들이 살았던 과거가 현재로 변했다는 것을 보여준다.

해석의 힘과 언어의 힘

새로 탄생한 세계의 대다수 사물에 아직 이름이 붙여지지 않은 에덴의 황금시대 상태인 〈백 년 동안의 고독〉의 시작 부분에서 언어는 아직 완숙되지 않았으나 그 기능은 빠르게 복잡해진다. 아이들이 배우는 과히로 말, 호세 아르카디오의 전신을 뒤덮은 여러 언어의 문신, 호세 아르카디오 부엔디아가 사용하는 라틴어, 멜키아데스의 예언을 기록한 산스크리트어 등 다양한 언어가 등장하는 것. 사실, 최종 행위인 해석은 이 책의 존재를 가능케 하고 등장인물과 줄거리에 생명을 부여하는 것처럼 보이기 때문에 이 책에서 가장 의미심장한 행위로 간주될 수 있다.

가르시아 마르케스는 예언의 해석을 마콘도를 파괴하는 최후의 묵시록적 힘으로 만들고 작가로서의 자신의 과업으로 주의를 환기시키면서, 우리에게 우리의 읽는 행위가 소설 속에서 일어나는 모든 행동에 근본적인 최초의 숨결을 불어넣는다는 것도 상기시킨다. 이 소설은 한 가지 분명하고 예정된 의미를 지닌 것으로 생각될 수 있으나 작가는 모든 읽기 행위가 또한 해석이며, 그 해석들이 중요한 결과를 초래할 수 있다는 것을 독자가 시인하도록 요구한다. 따라서 아우렐리아노(II)는 고문서의 의미를 당연하게 받아들이지 않을 뿐만 아니라, 한술 더 떠 그 문서를 번역하고 해독해야 하며 궁극적으로는 도시의 파괴를 촉진한다.

| 모티프 |

작품의 대표적인 주제들과 관련하여 전체에 통일감을 주는 것으로, 되풀이되는 구조나 대비, 또는 문학적 장치, 등.

기억과 망각

등장인물들은 철저한 망각을 위험으로 간주할 뿐만 아니라, 역설적으로 기억을 짐으로 생각하는 것 같다. 대략 절반의 등장인물들이 너무 많은 기억의 중압감에 대해 이야기하고, 나머지는 기억상실증에 걸린 듯이 보이기 때문이다. 레베카는 기억의 부담이 너무 큰 나머지 남편이 죽은 후 집에 은거하며 실제 존재하는 사람들보다는 친구들에 관한 기억을 더듬으며 살아간다. 지나간 더 좋았던 시절에 대한 향수가 변화하는 세계 속에서 존재하지 못하게 막고 있는 것. 그녀의 성격과 반대되는 면을 기억이 거의 없는 부엔디아 아우렐리아노 부엔디아 대령에게서 발견할 수 있다. 그는 끝없이 반복되는 현재 속에 살면서 황금물고기를 만들었다 녹이고 다시 만드는 작업을 반복한다. 향수와 기억상실은 부엔디아 가문의 두 가지 질병인데, 전자는 그 희생자들을 과거에 묶어두고 후자는 현재 속에 가둬버린다. 따라서 그 질병에 걸린 부엔디아 가문 사람들은 수명이 다할 때까지 똑같은 순환을 반복하는 운명을 타고나 결코 미래 속으로 이동할 수가 없다.

성서

마콘도의 창조와 순결한 초창기의 에덴 같은 시절을 설명하고, 그 이후에 세상을 정화하는 홍수를 거쳐 묵시록적인 종말까지 계속되는 이 작품은 성서의 기본적인 이야기를 많이 이용하고 있으며, 등장인물들도 성서의 일부 주요 인물들에 대한 우화적 비유로 볼 수 있다. 우리는 지식 탐구의 결과로 인한 호세 아르카디오 부엔디아의 몰락—정신이상—을 볼 수 있다. 그와 그의 아내 우르술라 이가란은 선악과를 먹은 후 에덴동산에서 추방된 아담과 이브를 나타낸다. 소설 전체는 인류 역사에 대한 은유이자 그 연장선상에서 인간 본성에 대한 비평 작용을 하는 한편, 그들의 이야기를 허구인 부엔디아 가문에 말 그대로 적용하면 소설 이야기는 엄청난 비애를 불러일으킨다. 그러나 인간 종족의 대표자인 부엔디아 가문은 성서에 기록되어 있는 것처럼 고독과 피할 수 없는 비극, 그리고 요리조리 잘 빠져나가기 쉬운 행복을 인격화한 것이다.

집시족

주로 연결고리 역할을 하며, 대비되거나 무관한 사건들과 등장인물들로부터 변화를 일으키는 기능을 한다. 특히 마콘도의 초창기에는 수년마다 한 무리가 찾아와 마을을 축제장처럼 변모시키고 가져온 물품들을 전시한다. 마콘도가 문명세계로 연결되는 도로를 갖기 전에는 외부세계와 접촉하는 유일한 수단이었으며, 기술—멜키아데스가 보여주는 발명품들—과 마술—날으는 양탄자와 여타 놀라운 물품들—을 모두 가져온다. 따라서 특히 마콘도와 외부세계, 마술과 과학, 심지어 현재와 과거를 연결시킬 때는 환상과 현실 사이의 경계선도 모호하게 만드는 다용도 문학도구인 셈.

| 상징 |

추상적인 관념이나 개념을 표현하기 위해 사용하는 사물, 기호, 인물, 색, 등.

작은 황금물고기

아우렐리아노 부엔디아 대령이 수도 없이 만들어내는데, 그 의미는 시간이 흐르면서 변화한다. 처음에는 대령, 더 나아가 같은 이름을 가진 사람들의 예술적 천성을 나타내지만, 곧 대령이 세상에 영향을 미친 방식을 두드러지게 하면서 아주 커다란 의미를 갖게 된다. 예컨대, 그의 아들

17명이 하나씩 받을 때는 그들을 통해 아우렐리아노가 세계에 미치는 영향을 상징하고, 진보파 연락요원들이 임무를 증명하기 위해 사용할 때는 일종의 통행증이 된다. 그러나 오래 뒤에는 과거에 위대했던 지도자의 유품으로서 수집가들의 소장품이 되는데, 아우렐리아노는 이 같은 태도에 혐오감을 느낀다. 사람들이 그를 명목상 지도자이자 그들이 원하는 것은 무엇이든 상징하는 신화적 영웅으로 이용한다는 사실을 깨닫기 때문이다. 따라서 이제는 더 이상 개인으로서가 아니라 잘못된 이상을 상징한다는 것을 이해하기 시작하면서 제작을 중단하고 일부 완성된 것들을 녹여 다시 만들고, 그것을 녹여 다시 만드는 작업을 되풀이한다.

철도

현대 세계가 마콘도에 도래한 것을 상징한다. 이 파괴적인 변화는 바나나 농장의 개발로 이어지고, 계속해서 노동자 3천 명의 학살로 연결된다. 철도는 마콘도가 바깥세계와 가장 긴밀하게 연결된 시대를 상징하기도 한다. 바나나 농장이 폐쇄되자 철도는 파손되고 기차는 마콘도에 정차하지도 않는다. 철도의 도래는 전환점이다. 그 이전에는 점점 커지며 번영하던 마콘도가 그 이후부터 급속히 허물어지면서 고립에 빠져 결국 멸망하는 것.

영어 백과사전

처음에 메메가 미국인 친구로부터 선물로 받는데, 미국인 농장주들이 마콘도를 접수하는 방법을 상징한다. 마을 건설자들의 후손 메메가 영어를 배우기 시작할 때, 마콘도 문화가 외국인들에게 침범당하는 상황이 뚜렷해진다. 영어 백과사전이 가하는 구체적인 위협은 나중에 영어를 모르는 아울렐리아노 세군도가 사전의 그림에 맞춰 이야기를 지어 내 아이들에게 들려주기 위해 사용할 때 줄어든다. 원전의 다각적 해석을 가능하게 만들면서 본의 아니게 백과사전의 위험성을 분산시키기 때문이다.

황금요강

페르난다 델 카르피오가 친정에서 가져왔으며, 왕비가 될 운명이라고 믿는 그녀에게는 고귀한 지위의 표상이다. 그러나 요강의 금은 왕족과 연관되지만, 그 기능은 말할 것도 없이 배설과 연결되면서 그녀의 오만하고 위선적인 겸양의 실제 가치를 나타낸다. 나중에 호세 아르카디오(II)가 팔려다가 알게 되는 도금 사실은 그녀가 보여준 자존심의 공허함과 싸구려 은폐 노력의 천박함을 상징한다.

Chapter별 정리 노트

Chapters 1-2

: 줄거리

Chapter 1

그 당시 마콘도는 20채의 어도비 벽돌집으로 이루어진 마을이었고… 세상은 아주 최근에 만들어졌기 때문에 많은 사물에는 아직 이름이 없었으며…

아우렐리아노 부엔디아 대령은 몇 년 후 총살당하게 된 순간, 마콘도가 세워진 직후에 꿈꾸는 듯한 그 외딴 마을로 해마다 3월이면 집시들이 신기한 물건들을 가져오던 시절이 생각났다. 자연의 섭리를 꿰뚫어 상상력이 기적과 마술까지 지배한다고 알려진 마을 창설자 호세 아르카디오 부엔디아마저 집시의 우두머리 멜키아데스가 보여주는 자석을 가지면 땅 속에서 금을 찾아낼 수 있으리란 생각으로 살림밑천인 가축과 바꿔 수개월간 마을과 강바닥까지 샅샅이 훑었으나 허사였다. 그 이후에도 집시들이 올 때마다 확대경, 나침반 등을 구입해서 이런저런 연구에 빠져 있던 그는 어느 날 '지구는 둥글다'는 사실을 알아내고 마을사람들에게 말했다가 미친 사람 취급을 받는다. 마콘도를 다시 찾은 멜키아데스가 마을사람들로부터 그 이야기를 듣고 그를 칭찬하면서 연금술사의 실험실과 황금 제조술에 관련된 도표와 공식들을 기증했다. 호세 아르카디오 부엔디아는 우르술라를 수주일이나 설득해서 아내가 상속받은 금화를 얻어 작업에 돌입했으나 실패했다. 그 다음에는 멜키아데스가 가져온 틀니에 빠져 한동안 사람들을 멀리하며 탐구에만 몰두했다. 이처럼 새로운 연구에 빠져 너저분하고 텁수룩한 몰골로 혼자 지내는 호세 아르카디오 부엔디아도 한때는 죽은 사람이 없고 젊은이들이 착실하게 질서를 지키며 열심히 살아가는 전원적인 마콘도 마을의 건설을 감독한 지도자였다.

신기하고 새로운 지식 탐구에 열중하던 그는 '위대한' 바깥 문명과 접촉하기 위해 서쪽과 남쪽에 습지대가 펼쳐져 있고 동쪽은 산맥이 가로막고 있다는 사실을 알기 때문에 원정대를 이끌고 북쪽으로 출발한다. 그러나 머지않아 마콘토가 대부분 바다로 둘러싸여 외부세계로 접근할 수 없다는 판단을 내리고 돌아와 작은 방에 처박혀 궁리하다가 마콘도를 더욱 접근이 용이한 지역으로 이주시킬 계획을 세우지만, 떠나기를 거부하는 아내에게 제지당한다. 이주 계획이 꺾인 그는 마침내 망상을 집어던지고 자녀들에게로 눈을 돌려 읽기, 쓰기, 셈하기 등을 가르쳐주었고, 상상력이 가미된 허황된 이야기들도 들려주었다. 열네 살인 장남 호세 아르카디오는 아버지의 엄청난 완력을 물려받았으나 상상력이 부족했고, 마콘도에서 최초로 태어난 인간인 여섯 살짜리 차남 아우렐리아노(나중에 아우렐리아노 브엔디아 대령)는 더 어렸을 때도 앞일을 내다보는 수수께끼 같은 내성적인 아이였다. 집시들이 '수천 가지' 새롭고 신기한 물품들을 가지고 다시 마을을 찾아온다. 호세 아르카디오 부엔디아는 멜키아데스를 찾아다니다가 어떤 집시로부터 '죽었다'는 말을 듣고 슬픔을 느끼면서도 아이들 성화에 떠밀려 돈을 내고 얼음을 만지며 '세상에서 가장 위대한 발명품'이라고 선언한다.

Chapter 2

여기서는 마콘도 창설 이야기를 하면서 과거의 시간으로 거슬러 올라간다. 조상들이 그 일대에서는 가장 살기 좋은 곳으로 가꿔놓은 작은 마을에서 태어난 호세 아르카디오 부엔디아와 우르술라 이가란은 사촌간이며, 영국의 프랜시스 드레이크(Francis Drake. 1545-96) 경이 약탈선단을 이끌고 리오하차를 침략했을 때 살아남은 사람들의 4대손이다. 그들이 결혼 의사를 밝히자, 친척들이 말리려고 했다. 근친상간으로 기형아가 생길지 모른다는 두려움 때문이었다. 이 같은 공포에는 전례가 있다. 그들의 친척이 결혼해서 돼지꼬리가 달린 아기를 낳았고, 아이는 청년이 되자 푸줏간 주인에게 청을 넣어 꼬리를 자르다가 죽고 말았던 것. 어머니의 말을 듣고 잔뜩 겁을 집어먹은 우르술라가 결혼 후에도 1년간 잠자리를 계속 거부하자 마을 사람들은 호세 아르카디오 부엔디아를 조롱하기 시작한다. 다시 6개월이 흐르고, 닭싸움에서 패배하자 화가 치민 프루덴치오 아길라가 큰소리로 고자가 아니냐고 비아냥거리자 부엔디아가 창을 던져 저세상으로 보내고, 집으로 돌아와 합방한다. 그 후 죄의식과 아길라의 유령에 시달리던 호세 아르카디오 부엔디아 부부는 집을 떠나 무작정 리오하차의 반대편으로 길을 잡았고, 부엔디아의 친구들도 몇 명 따라나섰다. 14개월 후 우르술라는 온전한 아들을 낳았고, 유랑하는 동안 사람들도 늘어났다. 어느 날 밤, 호세 아르카디오 부엔디아는 벽이 거울로 장식된 집들이 튀어나와 '마콘도'라는 마을이 이뤄지는 꿈을 꾸었다. 이튿날 아침, 그는 바다는 영원히 찾을 수 없을 것이라고 사람들을 설득한 다음, 강둑에서 가장 서늘한 곳을 찾아 나무들을 베게 하고 마을을 세웠다.

집시들의 얼음을 보자 벽이 거울로 장식된 마콘도를 세우는 꿈을 기억해내고, 그것이 얼음을 의미한다고 해석한 호세 아르카디오 부엔디아는 다시 과학 연구에 몰두한다. 한편, 아직 10대에 불과했지만 건장한 호세 아르카디오는 그의 거대한 물건에 매력을 느낀 이웃여자 필라르 테르네라의 유혹을 받고 밤마다 찾아가 밀회를 즐긴다. 집시들이 마을을 찾아왔다. 임신했다는 테르네라의 말에 집에 숨어 있던 호세 아르카디오에게 호세 아르카디오 부엔디아는 연금술을 가르치기 시작했으나 내내 우울한 표정을 짓자 실험실에서 해방시켜 주었다. 어느 날 밤, 그는 혼자 집시들이 가져온 기묘한 물건들을 구경하다가 집시 소녀를 보고 미친 듯이 사랑하게 되면서 이틀 후에 집시들과 함께 마을을 떠났다. 장남을 잃고 슬픔에 잠긴 우르술라는 갓 태어난 딸 아마란타를 남겨둔 채 집시들을 쫓아갔다가 5개월 뒤에 기쁜 표정으로 돌아오는데, 집시들은 만나지 못했지만 마콘도와 문명 사이를 연결하는 이틀 여정의 늪지대 통로를 찾아냈던 것.

: 풀어보기

〈백 년 동안의 고독〉은 자체의 역사 이야기를 전하기 위해 직설적인 서술 방식을 택하지 않는다. 마을의 창설에서부터 멸망까지, 부엔디아 가문의 기원에서부터 파멸까지의 시간 진행이 소설의 개략적인 구조를 이룬다. 그러나 가르시아 마르케스는 반드시 일어난 순서대로 사건을 이야기하지 않고, 시간을 앞뒤로 오가며 신화적인 분위기와 비공식적인 두서없는 구술 역사를 만들어낸다. 첫 번째 일화는 외딴 마을의 주민들에게 기적처럼 보이는 혁신적이고 신기한 물건들을 가지고 마콘도를 찾아온 집시들에 관한 이야기다. 이 작품의 첫 문장은 수년 후의 사건인 아우렐리아노 부엔디아 대령의 처형을 언급한다. 호세 아르카디아 부엔디아가 얼음을 처음 보는 순간으로 거슬러 올라가는 집시 이야기는 아우렐리아노 부엔디아 대령의 회상 형식으로 전달되며, 따라서 즉각 연대상의 괴리가 생기게 된다.

이처럼 시간적으로 혼란스럽다는 느낌은 무엇보다도 독자가 작품의 역사적 배경을 잘 알 수 없다는 사실 때문에 더욱 심화된다. 마콘도 마을이 세워질 당시 '세상은 아주 최근에 만들어져 많은 사물에 이름이 붙여지지 않았지만', 우르술라의 4대조 할머니가 실제로 1568년에 일어난 프랜시스 드레이크 경의 리오하차 공격 당시 생존했다는 사실도 알게 되는데, 실제 생활에서는 이런 식의 시간 인식은 불가능할 것이다. 드레이크 경은 모든 사물에 이름이 붙여질 만큼 세상이 오래된 이후에 살았던 인물이 분명하다. 비평가 레지나 제인스(Regina Janes)가 지적하듯, 두 사건은 역사적 사실을 정확히 묘사하려는 의도로 등장하는 것이 아니고, 두 사건 사이의 괴리를 통해 독자의 방향감각을 혼란시켜 그가 데려다놓은 암울한 역사의 수렁 속에서 완전히 길을 잃게 만들려는 것이다.

이처럼 기묘하게 불명확한 연대적인 틀은 기억, 역사, 허구 사이의 구분을 모호하게 한다. 집시들이 마을에 찾아오는 것은 역사에 대한 권위적인 재구성이 아니라, 아우렐리아노 부엔디아 대령의 기억으로 구성된다. 기억이기 때문에 교과서적인 역사에는 존재하지 않게 되어 있는 주관적이고 꿈같은 특성을 취하는 것이며, 소설 전반에서 분명히 드러나는 서술 전략이다. 즉 기억에 역사와 똑같은 권위가 주어지고, 역사는 기억과 똑같은 감정적 색채와 상상의 비약에 종속되는 것. 나중에 나오는 바나나 농장 노동자들의 대학살을 마을주민들이 잊어버릴 때의 기억상실은 실제 역사 말살의 한 부분이 된다. 이 작품에서 현실은 인간의 환상과 기억의 특성을 취하고, 시간 자체도 똑같은 왜곡을 겪게 된다. 등장인물들은 도저히 불가능할 정도로 장수하고, 장마가 5년 가까이나 계속되며, 때로는 해설자의 언급이나 주목도 받지 않고 여러 해가 흘러가는 것이다. 경험된 현실의 극단적인 주관성은 이 작품의 주제 가운데 하나다. 우리식의 현실을 형성하는 것은 환상과 모순을 향하는 인간의 경향이다. 즉 마술적 사실주의는 신화와 기억, 인간의 환상, 우리 자신의 주관성으로 채색된 현실의 변형을 포착할 뿐이다.

이 작품은 역사적 괴리로 시작되지만, 아주 명확한 이야기, 즉 어쩌면 성서처럼 방대한 서사시의 궤적을 그리기 위해 의도적으로 구성되었다는 점에 주목해야 한다. 마치 성서처럼 '세상은 아주 최근에 만들어져 많은 사물에 이름이 붙여지지 않았'다고 말하는 이 "마콘도의 성경"는 원형적 인간 호세 아르카디오 부엔디아와 그 후손들의 투쟁을 통해 표현된 인간의 지식 탐구를 보여주는 우화로 간주될 수 있다. 성서에서 아담의 일은 동물들에게 이름을 붙여주고, 마음속에 품고 있는 세상과 일치시키기 위해 그것들을 다스리고 분류하는 것이다. 호세 아르카디오 부엔디아도 마콘도를 창설하는 과정에서 똑같은 작업을 한다. 아담과 이브는 선악과를 따먹고 에덴동산에서 추방되었는데, 이 소설이 전하는 성서 같은 경고성 일화도 호세 아르카디오 부엔디아가 지식을 탐구에 몰두하다가 결국 정신이상에 이르는 것이 분명하다는 점이다. 그리고 정신줄을 놓은 그가 아담과 이브를 원초적 타락으로 내몰았던 선악과나무를 상징하는 밤나무에 결박당한 사실을 잊지 말자.

흔히 마술적 사실주의라고 불리는 마르케스의 집필 양식은 무엇보다도 역사적 사건들이 주관성에 의해 채색되고, 기억에 역사와 똑같은 무게가 주어지는 방식이다. 쉽게 인식할 수 있는 특징 하나는 그 방식에서는 평범한 일상적 사물들이 특히 비범하거나 심지어 초자연적인 사물들과 뒤섞인다. 2장에서 호세 아르카디오가 필라르 테르네라의 유혹을 받는 장면.

"그는 콩팥의 빙하 같은 굉음과 창자의 공기, 당혹스러운 불안감을 더 이상 이기지 못하고 달아나고 싶으면서도 동시에 심해진 침묵과 두려운 고독 속에 영원히 머물고 싶기도 했다."

이처럼 거창하고 추상적인 감정들과 나란히 아주 구체적인 신체 현상들을 묘사하는 것이 마술적 사실주의의 전형적인 기법이다. 즉 서로 다른 시대 사이의 구분이 혼란에 빠지듯, 현실과 마법적 현상, 평범한 현상과 숭고한 현상 사이의 구분도 혼란스러워진다.

Chapters 3-4

: 줄거리

Chapter 3

우르술라가 마콘도와 문명세계를 잇는 통로를 발견하자 마을에는 가게와 공장들이 들어서면서 북적대기 시작한다. 눈앞에서 벌어지는 상황에 흥미를 느낀 호세 아르카디오 부엔디아는 허황된 환상을 집어던지고 예전처럼 마을의 이것저것을 통제하면서 마을과 가문의 발전을 위해 노력한다. 필라르 테르네라가 실종된 호세 아르카디오의 아들을 낳아 할아버지 집에 맡기자, 우르술라는 남편의 고집에 꺾여 태생을 비밀로 한다는 조건을 붙여 받아들인다. 아기에게는 (호세) 아르카디오란 이름을 지어준다. 아우렐리아노는 심각한 표정으로 실험실에 틀어박혀 은을 다루는 기술을 익혔다. 어느 날, 아우렐리아노의 예언이 맞기라도 하듯 먼 친척뻘 되는 남루한 소녀가 부모의 뼈가 담긴 자루를 들고 찾아왔다. 어쩔 수 없이 소녀를 맡아 기르기로 결정한 그들은 아이 어머니 이름을 따라 레베카라고 불렀다. 그 아이는 흙과 석회를 먹는 버릇이 있었으나 일단 우르술라가 약을 먹이고 회초리를 들어 고쳐주었다. 오래지 않아 레베카가 기억상실도 유발하는 전염성 불면증에 시달린다는 사실이 밝혀진다. 결국 수개월간 불면증에 시달린 마을 전체가 기억상실증에 걸리는데, 아우렐리아노가 우연히 기억을 유지하는 비결을 알아낸다. 모든 사물에 이름표를 붙이는 것. 이어 호세 아르카디오 부엔디아와 주민들이 그 방법을 실행한다. 먼저 마을 어귀에는 "신은 존재한다"는 거대한 간판을 세웠고, 집집마다 기억해야 할 사물과 사건들을 모조리 글로 적어 여기저기 붙여두었다. 그러나 얼마 후, 시간도 많이 잡아먹고 읽는 법을 잊어버리면 결국 무용지물이 될 것이란 두려움에 휩싸이면서 좀더 쉬운 방법을 찾는 사람들이 늘어갔다. 그런데 그 같은 걱정을 덜어주면서 바빠진 사람이 필라르 테르네라였다. 카드로 미래를 점쳐주던 기술을 살려 과거를 알려주었던 것. 그러나 그 방법은 정확성이 떨어졌다. 불면증은 집시 멜키아데스가 치료약을 가지고 마을을 찾아오면서 치료된다. 저세상이 너무 외로워 '죽음의 손길이 닿지 않은' 마콘도를 다시 찾았다는 그가 은판사진술을 전해 주자, 호세 아르카디오 부엔디아는 하느님의 존재를 입증하기 위해 하느님의 은판사진을 제작하기 시작한다. 차남 아우렐리아노는 멜키아데스와 함께 쓰는 실험실에 틀어박힌 채 기술을 살려 은세공품을 만들어 큰돈을 벌지만,

여자들에게는 관심이 없는 듯하다.

자손들이 성장하자 우르술라는 수년 동안 동물과자를 팔아 모은 돈으로 저택을 증축한다. 그동안 자치적으로 운영되던 마콘도에 새로 도착한 돈 아폴리나르 모스코테 읍장이 집들의 색깔을 지정하려고 시도하자, 호세 아르카디오 부엔디아가 찾아가 마을과는 '아무런 관계도 없는 높은 사람이' 나라에서 내려와 명령하는 것은 용납할 수 없다며 몰아낸다. 그리고 1주일 후, 모스코테가 가족과 몇 명의 무장군인을 대동하고 돌아왔다. 아우렐리아노와 함께 읍장을 만난 부엔디아는 집 색깔은 주민들 각자에게 맡기고 군인들은 철수시킨다는 조건으로 읍장의 체류를 받아들였다. 아우렐리아노는 아버지와 읍장의 적대관계에도 불구하고 읍장의 아홉 살짜리 딸 레메디오스 모스코테를 사랑하게 된다.

Chapter 4

집의 증축이 완료되자 우르슬라는 많은 돈을 들여 집들이를 준비하는데, 한편으로는 성숙미가 완연한 레베카와 아마란타를 사람들에게 보여주려는 속셈도 있었다. 세관에서 보낸 피에트로 크레스피라는 이탈리아 미남청년이 몇 주에 걸쳐 자동피아노를 조립하고 조작법과 함께 춤을 가르쳐주고 갔다. 그가 떠나자 흙과 벽의 석회를 먹는 습관에 다시 빠져든 레베카에게 크레스피의 편지가 전해지면서, 사랑의 열병은 더욱 깊어만 간다. 어느 날 작업실에 왔던 어린 레메디오스를 잊지 못하고 방황하며 마구 시를 써대던 아우렐리아노는 친구들과 어울려 술을 마시고 필라르 테르네라를 찾아가 동침한다. 그의 속내를 알아차린 테르네라는 레메디오스와의 결혼을 돕기로 약속한다.

한편, 아마란타도 피에트로 크레스피를 향한 사랑의 열병을 앓는다. 테르네라로부터 레메디오스의 결심을 전해들은 아우렐리아노가 부모에게 결혼을 선언하자, '원수의 딸'이라며 반대하던 호세 아르카디오 부엔디아는 아내가 레베카와 크레스피의 결혼을 허락해 준다는 조건을 내걸고 승낙한다. 생기를 찾은 레베카는 크레스피에게 편지를 써서 기쁜 소식을 알리고, 질투심을 느낀 아마란타는 마음속으로 기필코 그 결혼을 막겠다고 맹세한다.

정신이 오락가락하던 집시 멜키아데스가 강 하류의 둑에서 주검으로 발견되면서 마콘도에서 죽은 첫 번째 사람이 된다. 그 많은 조문객 수가 백 년 후에 가서야 깨진 아흐레 동안의 거창한 장례기간이 끝나자, 집 안에는 외견상 행복한 분위기가 감돈다. 피에트로 크레스피에게 사랑을 고백했다가 거절당한 아마란타는 다시 한 번 결혼을 막겠다고 다짐했으나 그 사실을 알아챈 우르술라에 이끌려 여행을 떠나고, 레베카와 크레스피의 만남은 잦아졌다. 세공작업을 멀리한 채 어린 레메디오스에게 읽기와 쓰기를 가르치며 바삐 지내던 아우렐리아노는 필라르 테르네라의 임신 소식에도 아랑곳없이 태평하지만, 행복은 오래 지속되지 않는다.

아마란타의 다짐 때문에 상심하던 레베카는 테르네라의 점괘에 따라 호세 아르카디오 부엔디아의 도움으로 부모의 뼈를 찾아 매장하고 위안을 얻는다. 이후 먹지도 않고 잠을 설치며 미지의 세계를 탐구하다 정신이 흐릿해지던 호세 아르카디오 부엔디아는 죽음의 고독이 너무 끔찍한 나머지 원수마저 사랑하게 되어 찾아왔다는 푸르덴치오 아길라의 환영과 이야기를 나눈 이후, 같은 날이 끝없이 반복된다는 확신이 들자 뜻 모를 소리를 지껄이며 작업실들을 파괴하다가 아우렐리아노의 부탁을 받은 스무 명의 이웃사람들에게 끌려 나가 뒷마당의 밤나무에 결박된 채 지낸다.

: 풀어보기

마콘도의 진화는 인류의 사회적 발전을 상기시키는 우화이며, 마콘도는 모든 인간 문명의 축소판이라고 말할 수 있다. 이 부분에서 마콘도는 현대화에 수반된 각종 기술적 · 사회적 변화로 인해 과거보다 많은 부와 여러 가지 사회 문제를 지닌 국제 사회가 된다. 마을사람이 늘어나면서 번영을 가져오지만 자본주의와 연관된 비참한 사회현상들도 초래되는 것. 예컨대, 아우렐리아노가 우연히 들어간 천막 안에서는 한 처녀가 남자들에게 몸을 팔고 있다. 가족의 빚을 갚기 위해 앞으로 10년간 매일 밤 70차례씩이나 동침해야 한다는 것. 마을은 바깥세계와의 접촉을 가능케 하는 정부의 간섭에 의해서도 변화한다. 호세 아우렐리아노 부엔디아는 마을에 대한 지배권을 강화하려는 정부의 대표인 읍장과 처음 만나는데, 소위 발전이 점차 사람들의 순결을 잃게 하고 잠재적인 분쟁의 씨앗이 된다는 암시다.

그러나 그 마을에 일어나는 각종 변화는 세계 역사에서의 정치적 변화를 단순히 우화적으로 표현하는 차원을 넘어선다. 호세 아르카디오 부엔디아 방식의 정부와 읍장이 도입한 통제 사이의 갈등은 공산주의자 피델 카스트로의 친구라고 널리 알려진 혁명 지지자 가르시아 마르케스와 라틴 아메리카의 극히 구체적인 정치 의제를 반영한다. 호세 아르카디오 부엔디아의 마콘도는 이상적인 공산주의 사회와 닮은 듯한 이상향 사회의 전형인 것이다. 마콘도를 세울 당시 모든 집이 물과 그늘을 똑같이 나누도록 설계한 부엔디아는 읍장에게 "이 마을에서는 종잇조각 따위로 명령을 전달하지 않소"라고 말하는데, 그 초창기 이상향은 지속되지 못하고 마을은 가혹한 정부에 맞서는 혁명에 휘말린다. 여기서 가르시아 마르케스가 공산주의 사회의 이상적인 모습을 지지하는 것으로 보인다면, 독재와 압제에 대한 그의 강력한 반발은 공산주의의 현실과 관련된 압제적 성향에 대한 거부를 나타낸다.

마콘도 주민들이 각종 변화에 대응하는 한 가지 방법은 점점 고독에 빠져드는 것이다. 부엔디아 가문 사람들, 즉 호세 아르카디오 부엔디아와 차남 아우렐리아노는 사회로부터 도망쳐 오로지 은세공과 지적 탐구에 몰두하기 시작한다. 호세 아르카디오 부엔디아는 고독한 명상의 압박에 정신이 붕괴되면서 결국 에덴동산의 선악과나무를 상기시키는 밤나무에 결박되어 여생을 보낸다.

아우렐리아노의 고독은 천성적인 것 같다. 마을 자체처럼 혼자 지내는 것이 더 행복한 그는 레메디오스 모스코테를 사랑하는 듯해도 나중에 그녀가 죽었을 때 큰 슬픔을 느끼지 않는 모습을 보면, 인간관계를 맺고 다양한 감정을 느끼는 능력이 없는 것 같다. 근본적으로 사람들과 감정으로부터 떨어져 있는 것. 강렬한 감정과 내성적 성격 때문에 사회적 접촉이 불가능한 대다수 부엔디아 가문 사람들이 그 같은 저주를 받은 사실은 소설 전체에서 나타난다. 아우렐리아노 세군도처럼 고독에 빠지지 않고 은둔하지도 않는 사람들은 지극히 외향적이다.

이 작품을 복잡하게 만드는 요소 하나는 화자가 매우 진지하고 사실적으로 이야기를 전달하면서도 종종 우화처럼 소개함으로써 이야기 속의 윤리관을 지적하는 방식이다.

고독한 부엔디아 가문 사람들을 그린 이 우화는 어쩌면 인간사회가 근본적으로 양극화하고 이루는 것이 없다는 암시인지 모른다. 인간은 사회 속에서 불편하고, 처음에는 아우렐리아노, 그 다음에는 호세 아르카디오 세군도처럼 혼자 지낼 때는 편해도 크게 즐겁지는 않다는 사실을 깨닫게 될지 모른다.

멜키아데스가 매장된 후 백 년이 더 지나 치러지는 빅 마마의 장례식(4장)은 수많은 단편과 장편소설에 언급된 내용들을 거미줄처럼 엮어 만드는 가르시아 마르케스 소설의 또 다른 측면을 반영한다. 오직 〈백 년 동안의 고독〉에서만 자세히 다룬 이 장례식은 단편소설 "빅 마마의 장례식 Big Mama's Funeral"(1962)의 주제인데, 아우렐리아노 부엔디아 대령과 그가 참전한 전쟁에 관해 언급하고 있다. 마콘도 역시 "낙엽 Leaf Storm"(1955)을 비롯한 여러 작품 속에서 등장하며, 이 같은 내용 교차는 가르시아 마르케스의 작품에 거의 신화적 위상을 부여하면서 그저 허구뿐만 아니라 장소와 역사의 신화도 창조해냈다.

Chapters 5-6

: 줄거리

Chapter 5

아우렐리아노는 여전히 아이 티를 벗지 못한 레메디오스가 초경을 치른 직후에 결혼한다. 같은 날 치르려고 했던 레베카의 결혼식은 피에트로 크레스피가 어머니의 위독을 알리는 긴급편지를 받고 떠나면서 연기된다. 그 편지는 가짜란 사실이 밝혀지고, 아마란타가 결혼식을 연기시키기 위해 위조한 혐의를 받지만 범인은 끝내 밝혀지지 않았다.

돈 아폴리나르 모스코테가 결혼식 주례를 맡기려고 늪지대에서 신부를 데려오면서 마콘도에 종교가 처음 들어온다. 교회의식을 무시하면서도 타고난 본성대로 풍족하게 살아가는 마을 사람들에게 신앙을 전파하기로 결심한 사제는 성당을 짓기 위해 마을사람들을 찾아다니며 헌금을 거두고, 성당에서 레베카의 결혼식을 올리고픈 우르술라는 공기를 앞당기라는 뜻으로 거액을 내놓았다. 어느 날, 신부가 밤나무 앞에 모인 사람들에게 신의 존재를 증명한다며 공중부

양 시범을 보이지만, 호세 아르카디오 부엔디아는 믿지 않는다. 사람들은 신부와 부엔디아의 대화를 듣고 비로소 그동안 부엔디아가 지껄이던 말이 라틴어라는 것을 알아차린다. 부엔디아를 전도하기 위해 자주 그를 찾던 신부는 그가 멀쩡하다는 생각이 들자 자신의 신앙이 흔들릴 것을 염려한 나머지 발길을 끊고 성당 신축에만 전념한다.

명랑하고 활기찬 레메디오스는 호세 아르카디오 부엔디아의 시중을 들며 이야기 상대가 되어주고, 필라르 테르네라가 낳은 사생아 아우렐리아노 호세를 기르기로 결정하는가 하면, 하루 종일 작업에 열중하는 남편에게 커피를 나르는 등, 열심히 가정 일을 돌보며 남편과 가족들의 사랑을 받았고, 밤마다 남편과 함께 친정집을 찾아 대화를 나누었다. 돈 아르카디오 모스코테는 부엔디아 가문과 정혼하면서 마을사람들로부터 명실 공히 읍장의 권위를 인정받으면서 모든 집들의 색깔을 통일시키는가 하면 무장경관들에게 치안유지를 맡기고, 나라에서 학교를 세워주기로 약속하자 그 운영은 아르카디오에게 위임하기로 했다. 어느 날 갑자기 레메디오스가 배를 움켜쥐고 뒹굴더니 사흘 만에 세상을 떠났다. 우르술라는 1년간 애도기간을 명하고, 아우렐리아노 호세는 아마란타가 기르기로 했다. 레베카는 결혼이 또 늦춰지자 자포자기하고 다시 흙을 먹기 시작했다.

어느 날, 전신에 문신을 새긴 거대한 몸집의 호세 아르카디오가 나타난다. 호세 아르카디오의 남성적인 매력에 이끌려 사랑의 열병을 앓던 레베카는 드디어 그의 침실로 갔고, 사흘 후 결혼했다. 크게 분노한 우르술라는 그들을 집에서 내쫓는다. 그 후에도 매주 부엔디아 집을 찾아와 식구들과 점심을 함께하던 크레스피가 아마란타에게 매력을 느끼고 청혼하지만, 확답을 얻어내지 못한다.

레메디오스가 죽은 후 고독하게 살아가던 아우렐리아노는 곧 더 큰 관심사를 발견하게 된다. 바로 보수파 정부(마콘도에서는 아우렐리아노의 장인 돈 아폴리나르 모스코테가 대표)와 진보파 사이에 임박한 전쟁이었다. 자유파와 보수파의 개념조차 명확히 몰랐던 아우렐리아노는 장인의 설명을 듣고 막연히 자유파의 입장에 공감했으나 전쟁 같은 극한대립은 납득할 수 없었다. 마콘도에 파견된 병사들이 집집마다 돌아다니며 무기가 될 만한 것들을 압수한 이후에 선거가 진행되었고, 진보파 과격주의자 알리리오 노구에라 박사의 말처럼 투표 부정이 자행되었다. 결국 전쟁이 터졌고, 마을에 들어온 보수파 군대는 만행을 저지르면서 마을을 공포 속으로 몰아넣었다. 2주 후, 분노한 아우렐리아노는 마을청년들을 이끌고 사령부를 기습해 무기를 탈취하고 주민을 살해한 군인들을 처형했다. 그리고 그날 밤, 사령관으로 임명된 아우렐리아노 부엔디아 대령은 다른 혁명군들과 합류하기 위해 마을을 떠났다.

Chapter 6

아우렐리아노 부엔디아 대령은 여러 지방을 돌아다니며 30여 차례 봉기를 일으켰고, 17명의 여자로부터 17명의 아들을 얻었다. 대령이 마콘도를 떠나 있는 동안 마을의 통치를 위임받은 아르카디오—호세 아르카디오와 필라르 테르네라의 사생아—는 질서에 집착하고 잔혹행위를 일삼는 독재자가 되었다. 화가 난 우르술라는 아르카디오를 꾸짖고 죄수들을 풀어준 다음, 잘못된 일들을 바로잡았다. 전쟁이 맹위를 떨치고 아르카디오의 독재가 계속될 때, 피에트로 크레스피는 더욱 가까워진 아마란타에게 청혼했으나 다시 거절당하자 자살했다. 그녀는 후회의 표시로 한 손을 석탄불에 지져 화상을 입히고, 죽을 때까지 상처에 감은 검은 붕대를 풀지 않았다.

가족들의 관심을 받지 못하고 천덕꾸러기로 자라며 남몰래 많은 눈물을 흘렸던 아르카디오는 권력의 맛을 알면서 비로소 그 정신적 고통으로부터 벗어날 수 있었다. 전쟁 전, 아르카디오는 야릇한 감정을 불러일으켰던 필라르 테르네라가 아들을 데리러 학교에 오자 기다렸다가 동침을 요구했다. 기겁을 하고 밤에 다시 오겠다는 말로 그 자리를 모면한 그녀는 큰돈을 쥐어주고 산타 소피아 데 라 피에다드를 대신 보냈다. 얼마 후 두 사람 사이에서는 미녀 레메디오스가 태어났다. 곳곳에서 진보파의 패배 소식이 들려

왔고, 곧이어 보수파 군대가 마콘도를 장악하면서 아르카디오는 총살당한다.

풀어보기

이 부분에서는 작가가 반란군의 봉기 같은 대규모 사건들과 주인공들의 사소한 생활에 모두 관심을 기울인다. 고귀한 것에서부터 역겨운 것까지도 다루는 이 소설은 초자연적인 것을 찬양하는 것 같지만 가장 불결한 사창가도 상세히 묘사하는가 하면, 레메디오스 모스코테의 초경을 간단한 전달로 만족하지 않고 적나라한 증거를 보여준다. 이 작품은 집시 멜키아데스의 예언처럼 웅장한 것과 사소한 것, 불합리한 것과 초월적인 것 등을 모두 담고 있다는 의미에서 실제 인생과 유사하다. 그리고 실제 인생은 당연히 외견상 무수한 목소리와 다양하고 폭넓은 감정과 특성을 내포하고 있기 때문에 이 작품은 인생 속에 내포된 모든 것을 포괄하기 위해 현실 모방을 시도하는 과정에서 서사시적 규모에 도달한다. 시간 순서가 뒤바뀌고 뚜렷한 연결과정 없이 한 가지 일화에서 다른 일화로 건너뛰는 경향을 보이는 한 가지 이유는 이 같은 모방 시도 때문이다. 현대 생활이 복잡하고 혼란스러워 결국 와해되는 경향이 있다고 믿는 가르시아 마르케스는 엄격한 구조를 고집하지 않고 때

때로 이야기가 짜임새 없이 줄거리를 벗어나 결국 종말을 향해 나아가도록 내버려두는 편을 선택한다.

그러나 현실 생활의 다양성과 범위를 파악하려는 가르시아 마르케스의 결의에도 불구하고 그의 언어는 이따금 정확하고 직설적이기보다는 은유적이고 완곡한 어법으로 기울어지는 경향을 보인다. 레메디오스 모스코테가 초경혈이 묻은 내의를 언니들에게 보여줄 때 피를 직접 언급하지 않고 '초콜릿 색깔의 반죽'이라고 묘사하고, 레베카와 호세 아르카디오의 첫 번째 관계를 묘사할 때는 처녀성 상실을 '절친함'의 상실이라는 기묘한 완곡어법을 쓰는 것. 그렇다면 가르시아 마르케스가 인생의 아름다운 면과 역겨운 면을 모두 탐구하면서 왜 성과 폭력을 묘사할 때는 생생하고 사실적인 언어 대신 완곡한 표현을 사용할까? 그 답은 세속적인 사물들에는 시적인 언어, 마법적인 사건들에는 세속적인 언어를 사용함으로써 속세를 환상의 영역 속으로 끌어들이는 한편, 완곡어법을 통해 등장인물들이 사용할지 모를 언어의 구사를 시도한다는 것이다. 레메디오스 모스코테가 초경혈을 직접 설명하는 것처럼 관점 변경을 공공연히 밝히지 않은 채 등장인물의 목소리를 취하는 해설기법이 소위 자유간접화법이다. 이 작품은 다양한 목소리, 사물들을 다른 관점들에서 보려는 욕구, 그 사물들에 대한 여러 인물들의 주관적인 묘사 등으로 인해 서사시적인 느낌을 준다.

이상향적이고 에덴동산 같은 마콘도 공동체를 와해시키는 원인은 현대화라는 기술적인 힘뿐만 아니라 사제들의 형태로 찾아온 조직화된 종교와 읍장들의 발령도 한몫을 한다. 신부가 오기 이전에는 타락하기 전의 아담과 이브를 닮아 수치심을 몰랐던 마콘도 주민들은 성적으로 '자연의 법칙에 순종하고' 교회 없이도 신을 숭배했으나 신부가 도착하면서 주민들의 때 묻지 않은 순결이 파괴되듯, 무장 병력을 끌어들이면서 강화된 돈 아폴리나르 모스코테의 권력은 마을이 항상 누리던 자치적 평화를 뒤흔든다. 일단 순결을 잃은 마콘도는 주민들이 새 지도자들을 전복시켜 순결을 되찾으려고 들면서 상황은 계속 악화될 뿐이다. 예컨대, 아르카디오가 모스코테 정권에 맞서 일으킨 혁명은 더 악질적인 독재체제를 낳았을 뿐이다. 아르카디오의 독재는 마을의 순결 회복이 불가능할 뿐만 아니라 선의의 정부라도 잔인한 지도자들을 갖게 되고 권력에 집착하면 상황이 악화될 수 있다는 증표다. 이 같은 비평은 〈백 년 동안의 고독〉이라는 허구의 세계 밖에도 적용되어 쿠바와 파나마 같은 20세기 라틴 아메리카 국가들의 독재정권을 비판한다.

Chapters 7-9

: 줄거리

Chapter 7

진보파가 패하면서 전쟁이 끝났다. 변장을 하고 국경을 넘으려던 아우렐리아노 부엔디아 대령은 친구 게리넬도 마르케스 대령과 함께 체포되어 총살형을 선고받는다. 그러나 사형집행일이 다가와도 어려서부터 앞일을 내다보는 능력을 지녔던 부엔디아 대령은 이상하게도 죽는다는 예감이 느껴지지 않았다. 그의 마지막 소원은 고향 마콘도에서 형을 집행해 달라는 것이었다. 사형집행은 여러 날 연기되었다. 대령의 사형을 집행하는 장병은 주민들 손에 목숨을 잃게 될 것이란 소문 때문이었다. 결국 사형집행자들은 추첨으로 뽑았다. 그리고 사형집행일. 처형 직전에 형 호세 아르카디오에 의해 구출된 대령은 또 다시 봉기를 일으키기 위해 떠나는데, 그동안 주도했던 32차례의 봉기 가운데 하나였다. 아우렐리아노 부엔디아 대령은 그의 신상과 전과에 대한 엇갈리는 소문들이 꼬리를 물고 이어지면서 보수파 정부에

참여하려는 진보파의 공식 대표들로부터는 버림을 받았다. 패배를 거듭하던 대령은 정부에 전면전을 선포하고 마콘도와 일부 해안지역을 다시 점령한다.

부엔디아 대령이 전선에서 싸우고 있는 동안 산타 소피아 데 라 피에다드는 아르카디오가 죽은 지 다섯 달 후에 아들 쌍둥이를 낳고, 호세 아르카디오 세군도와 아우렐리아노 세군도란 이름을 지어주었다. 그 아이들은 아마란타가 돌보았다. 부엔디아 가문에는 이처럼 기쁜 일 이외에 비극적 사건들도 계속 일어난다. 사냥을 나갔다 돌아온 호세 아르카디오가 침실에서 의문의 죽음을 당하자, 레베카는 슬픔 속에 묻혀 두문불출한다.

독이 든 커피를 마시고 사경을 헤매다 우르술라의 필사적인 노력으로 목숨을 건진 부엔디아 대령은 이념보다는 자존심 때문에 싸우고 있다는 사실을 깨닫고 환멸을 느낀 나머지 레메디오스 모스코테에게 구혼할 때 썼던 시들을 읽으며 '인생에서 가장 소중했던 시절'을 회상하고, 다시 시를 쓰기 시작한다.

아마란타는 부엔디아 대령이 다시 전쟁터로 떠나면서 마을 통치를 맡게 된 게리넬도 마르케스 대령의 구애를 받지만 거절한다. 부엔디아 대령은 수개월 후에 우르술라에게 편지를 써서 아버지의 죽음이 임박했다는 사실을 알렸다. 호세 아르카디오 부엔디아는 우르술라가 아들이 아버지의 죽음을 예감한 것 같다며 침실로 옮긴 지 2주일 후에 세상을 떠났다. 그의 죽음을 기리는 듯 하늘에서는 노란 꽃이 비처럼 떨어졌다.

Chapter 8

아우렐리아노 호세는 행복을… 찾을 운명이었으나… 총탄이 카드들의 점괘를 잘못 해석하고 그의 등을 뚫고…

시간이 흘러 성숙해진 아우렐리아노 호세는 고모 아마란타에게 불순한 열정을 느끼고, 외롭게 살아왔던 아마란타도 강하게 밀어내지 못한다. 그러나 입을 맞추려다 우르술라의 눈에 띄게 된 이후에 제정신을 차린 아마란타가 관계를 청산하고, 아우렐리아노 호세도 현실을 직시하고 잠은 반드시 부대로 돌아가서 잤다.

얼마 후에 전쟁이 일어났다. 아우렐리아노 부엔디아 대령은 진보파가 보수파 정부와의 평화협정에 서명하자 반역행위라고 비난하면서 마콘도를 떠났고, 아우렐리아노 호세도 따라나섰다. 수년에 걸쳐 대령이 카리브 해의 여러 나라를 돌면서 봉기를 일으키는 동안, 마콘도는 비교적 평화로운 상태를 유지하며 보수파이지만 인도주의적이고 지적인 호세 라켈 몬카다 읍장의 통치 아래 새로운 마을로 번영해 나간다.

아우렐리아노 호세가 아마란타와 결혼하기 위해 진보파 부대를 탈영하고 돌아왔다. 그러나 근친상간에 거부감을 느끼는 아마란타는 그를 단호하게 밀어냈다.

아우렐리아노 호세가 탈영한 직후, 부엔디아 대령이 전선을 돌아다니며 잉태시킨 17명의 아들이 영세를 받기 위해 마콘도로 찾아와 모두 아우렐리아노란 이름을 받는다.

아마란타에 대한 열정이 시들해진 아우렐리아노 호세는 거리의 여자를 찾아가 욕구를 채웠다. 어느 날, 카드 점괘에서 죽음을 읽은 어머니 필라르 테르네라가 멜리타 몬티엘과 밤을 보내라고 간곡히 청했으나 뿌리치고 연극을 보러 갔던 그는 보수파 군인들의 검색을 거부하고 달아나다 피살되었다.

얼마 후, 부엔디아 대령이 마콘도를 점령했다. 큰 키에 얼굴색이 파리하고 전투로 냉혹해진 그는 군법회의를 열고 호세 라켈 몬카다 장군에게 사형을 선고했다. 우르슬라는 장군이 그 어느 때보다 마콘도를 평온하게 통치했으며, 부엔디아 가문 사람들에게도 많은 호의를 베풀었다면서 선처를 호소했지만 허사였다.

Chapter 9

몬카다의 처형은 종말의 시작이었다. 게리넬도 마르케

스 대령에 이어 아우렐리아노 부엔디아 대령이 전쟁의 목적에 대한 믿음을 상실했다. 마르케스 대령은 전쟁 대신 아마란타에게 몰입했으나 아마란타는 그의 존재에 점점 익숙해지면서도 받아들이지 않았다. 불신과 두려움 속에서 마음의 문을 굳게 닫은 부엔디아 대령은 기억과 감정을 완전히 상실한 채 껍데기뿐인 인간이 되었다. 그는 온건 진보파의 제안에 따라 평화협정에 서명했고, 이의를 제기하던 마르케스 대령을 혁명재판에 넘겨 사형선고를 내렸다. 우르술라가 아들을 찾아가 마르케스를 죽이면 어디까지든 쫓아가서 죽여버리겠다고 몰아세웠다. 자신을 직시하게 되면서 마침내 전쟁의 공허함을 깨달은 부엔디아 대령은 마르케스 대령을 풀어주고 함께 전쟁을 빨리 끝내기 위해 아군과도 혈투를 벌이며 2년여를 보냈다. 고향으로 돌아온 그는 진보파의 이상을 지키지 못한 징표라고 간주하는 평화조약에 서명한 후, 자살을 기도했으나 가슴에 총상을 입은 채 살아났다. 우르술라는 아들이 살아날 것을 염두에 두고 전쟁기간 동안 조금씩 썩어 들어간 저택을 정성껏 수리했다.

: 풀어보기

아우렐리아노 부엔디아 대령의 참전과 동시에 진행된 마콘도의 변화를 설명한 이 부분은 독자들의 마음을 가장 심란하게 만든다고 할 수 있다. 호세 아우렐리아노 부엔디아는 죽고, 하늘마저 그의 죽음을 애도하듯 기적처럼 노란 꽃비를 흩뿌린다. 이어 죽음이 부엔디아 가문을 괴롭히기 시작하면서, 호세 아르카디오, 아르카디오, 아우렐리아노 호세가 모두 천수를 누리지 못하고 비극적인 죽음을 맞는다. 그러나 이 부분에서 묘사된 불운들 가운데에서도 가장 걱정스러운 일은 어쩌면 전쟁 통에 한때 풍부했던 감성과 기억력을 상실한 채 냉정해진 아우렐리아노 부엔디아 대령의 비인간화일지 모른다. 이 작품에는 호세 아르카디오 부엔디아를 기리는 꽃비 같은 기적들이 비극들과 공존하며, 주인공들에게 베풀어지는 자비는 없다.

과거를 잊을 가능성이 사회와 인간의 일관된 관계를 위협하는 이 소설의 초반에서 마콘도는 기억상실증에 걸리고, 나중에는 노동자 학살에 관한 모든 기억이 지워진다. 아우렐리아노 부엔디아 대령의 기억상실은 슬픔과 체념 이외의 감정을 경험할 능력의 상실과 연관된다. 전쟁이 요구하는 잔혹성 때문에 모든 감수성과 심지어 과거를 그리워하는 다정다감함마저 잃게 되고, 자살 기도는 항복에 대한 수치심의 결과라기보다는 두려움과 고독한 슬픔을 제거하는 방법인 것. 이 작품에서는 감정은 향수 속에 자리를 잡고, 애정의 결속들은 과거의 기억들로부터 생겨난다. 아우렐리아노 부엔디아 대령은 전쟁이 끝나고 집에 돌아와 가족들과 재회하고 '시간이 흐르는 방식'을 알고도 아무런 느낌이 들지 않아 '너무 끔찍했다'고 회상한다. 기억상실에 대한 두려움 때문에 변화에 대한 두려움과 그것에 수반되는 감정둔화에 대한 두려움이 강화되는 부엔디아 대령은 과거를 거의 기억하지 못한다. 반면, 레베카는 '수도원의 깊숙한 방들 사이를 인간처럼' 걸어가며 실제 인간들은 결코 가져다주지 못한 평화를 느끼게 해주는 기억들과 함께 은둔자 같은 생활을 한다.

이 소설은 가장 많은 등장인물들로 채워지고, 반란과 여타 전국 규모의 정치적 사건들도 다루며 최대 규모로 확장되면서 혼란스러운 가지각색의 목소리와 관점들이 그득해지는 이 시점에서 시끄럽고 혼잡스러워 보인다. 그러나 우리는 이 목소리들에 압도당하는 반면, 부엔디아 가문 사람들은 점점 더 고독 속으로 빠져드는 것 같다. 독재자 아르카디오가 마을의 질서와 폭정에 집착한 중심에는 깊은 소외감이 자리 잡고 있다. 타인들과 감정적으로 관계를 맺는 능력이 없는 부엔디아 대령은 공허한 마음의 고독 속에 틀어박힌다. 레베카는 사람들을 대신하는 과거의 수많은 기억들과 함께 집에 칩거하고, 아마란타는 고독이 질색이지만 모든 구혼자들을 거부한다. 마음을 털어놓을 상대가 없는 우르술라 이가란은 정신이상인 남편에게만 말을 붙이지만, 라틴어밖에 모르는 남편은 무슨 말인지 이해하지 못한다.

소설 전반에서 언어는 사람들 사이의 장벽 기능을 하는데, 성서의 바벨탑*에 얽힌 혼란에서 영감을 얻은 것이다.

부엔디아 가문은 개인들뿐만 아니라 가문도 고립되기 시작한다. 근친상간은 수면 밑에서 계속 끓고 있다. 호세 아르카디오 부엔디아와 우르술라 이가란은 사촌간이고, 아르카디오는 어머니 필라르 테르네라를 탐한다. 근친상간 욕구는 아우렐리아노 호세가 이모 아마란타에게 정욕을 느끼면서 최고조에 도달한다. 부엔디아 가문 사람들에게 반복적으로 재발될 이 같은 충동은 어쩌면 가족의 소외에 수반되는 증상일지 모른다. 그들은 외진 마을 속에서뿐만 아니라 자신의 외로운 성격에 의해서도 고립된다. 근친상간은 본래 반복행위라는 점도 기억해야 한다. 즉 성관계를 맺는 친척들은 이미 존재하는 가족관계를 본질적으로 재생산하고 겹치는 것이다. 부엔디아 가문에게는 역사가 점차 좁아지는 나선형처럼 반복되면서 가문을 안쪽으로 끌어당기고 있다.

* **바벨탑**(Tower of Babel): 노아의 대홍수 이후, 한 가지 언어를 쓰며 한 곳에 모여 살던 인간들이 이름을 떨치고 하느님의 심판을 피하기 위해 건설하기 시작했다는 탑. 진노한 하느님이 인간에게 여러 언어를 쓰게 하면서 의사소통이 단절되어 완성되지 못했다.(구약 성서 창세기 11장)

Chapters 10-11

: 줄거리

Chapter 10

아우렐리아노 부엔디아 대령은 사회로부터 더더욱 멀리 떨어져 작업실에 틀어박힌 채 황금물고기들을 만들어 팔고, 정치에 대해서는 언급하지 않는다. 한편, 사춘기에 접어든 아우렐리아노 세군도는 멜키아데스의 실험실에 보존되어 있는 신비한 문서를 해독하기 시작한다. 가끔 멜키아데스의 유령이 그곳을 찾아온다. 호세 아르카디오 세군도는 성당에 다니며 종교적인 성향을 드러내기 시작하지만, 곧 닭싸움 전문가가 되고 이따금 나귀들과 성관계를 갖는다. 성인이 될 때까지 닮은 점이 많았던 쌍둥이들은 그들이 다른 사람이란 사실을 전혀 모르는 페트라 코테스와 동침하기 시작한다. 호세 아르카디오 세군도는 그녀에게 성병을 옮기고 박대를 당한 이후에 관계를 청산하는 반면, 아우렐리아노 세군도는 그녀로부터 성병을 얻어 고생하고서도 동거를 시작한다. 아우렐리아노 세군도와 페트라 코테스가 시도 때도 없이 뜨거운 사랑을 나누자, 그 사랑에 자극을 받은 듯 농장의 가축들이 마구 번식한다. 집을 지폐로 도배하고도 남을 만큼 거부가 된 아우렐리아노 세군도는 대규모 파티를 열며 재산을 과시하고, 마콘도 마을도 기적적인 번영을 구가했다.

바다에 도달하는 운하를 파겠다며 동생에게 자금을 지원받아 배를 사러 떠났던 호세 아르카디오 세군도는 오랜 시간이 흐른 뒤에 뗏목에 대규모 사육제 홍보에 동원할 프랑스 창녀들을 태우고 돌아왔다. 스무 살이 되어서도 여전히 순진무구하며 글을 모르고 집에서는 벌거벗은 채 돌아다니는 미녀 레메디오스는 사육제의 여왕으로 뽑혔다. 사육제 때 재앙이 벌어진다. 축제의 여왕 자리를 노리고 찾아온 페르난다 델 카르피오의 가마꾼들이 군중을 향해 총질을 해대면서 다수의 축제 참가자들을 살해하는 것. 6개월 후, 아우렐리아노 세군도는 페르난다 델 카르피오가 아버지와 살고 있는 도시에서 그녀를 데려와 결혼식을 올렸다.

Chapter 11

페르난다 델 카르피오의 어머니는 딸에게 여왕이 될 운명을 타고났다는 믿음을 갖도록 양육했지만, 가산은 쪼그라들고 가문은 서서히 몰락해갔다. 그리고 그녀가 여왕이 되겠다는 환상을 잃어가고 있을 무렵, 마콘도의 사육제에 참석하게 되었던 것이다. 페르난다와 아우렐리아노 세군도의 결혼생활은 평탄하지 못했다. 그녀는 도도하고 종교적인 반면, 그는 쾌락을 탐닉했기 때문. 아내가 잠자리를 멀리하자 외로움을 느낀 아우렐리아노 세군도는 페트라 코테스를 찾아갔다가 아내에게 들켰으나 가축들을 왕성하게 번식시키기 위해서라고 둘러대고 계속 드나들었다. 페르난다가 부엔디아 저택을 자기 방식대로 변화시키려고 들자 집안 분위기가 썰렁하고 형식적이며 불쾌해진다.

아우렐리아노 세군도와 페르난다는 결혼 초기에 레나타 레메디오스(메메)와 호세 아르카디오(II)를 낳았다. 100살이 된 우르술라는 호세 아르카디오가 교황이 될 것이라고 말한다. 메메가 태어나고 얼마 안 되어 내전의 휴전협정 기념행사가 열린다. 공화국 대통령은 아우렐리아노 부엔디아 대령에게 명예훈장을 수여하려 했으나 대령은 '이제는 무엇이 올바른 일인지 알게 되었다'며 거부했다. 아우렐리아노란 이름이 붙여진 대령의 사생아 17명이 대령을 위해 열리는 기념일을 축하하기 위해 마콘도를 찾아왔다. 우르술라는 크게 기뻐했고, 아우렐리아노 세군도는 잔치를 열어 환영했다.

17명의 아우렐리아노가 마콘도를 떠나기 전, 아마란타는 재의 수요일에 그들을 성당으로 데려갔다. 신부는 그들의 이마에 재로 십자가를 그려주었는데, 죽을 때까지 지워

지지 않았다.

마콘도에 주저앉아 얼음공장을 짓기 위해 바삐 돌아다니던 아우렐리아노 트리스테는 어머니와 누이동생을 데려다 살 집을 구하러 다니다가 낡은 집에서 은둔생활을 하고 있는 호세 아르카디오의 미망인 레베카를 발견했다. 아우렐리아노 트리스테는 얼음공장을 현대화시키고 마을에 철도를 끌어들이기로 결정했다. 마콘도 사람들은 그때 처음으로 '철도'라는 말을 들었다. 8개월 후, 계획을 실행하기 위해 마콘도를 떠났던 아우렐리아노 트리스테가 기차를 타고 돌아왔다. 마침내 마콘도와 현대적인 산업세계가 연결되는 순간이었다.

: 풀어보기

등장인물들의 특성은 모두 유전적인 것이고, 성격은 크게 부모나 이름을 물려준 사람들의 행동방식에 의해 정해진다. 그러나 여러 장에 등장하는 아기들은 태어날 때 뒤바뀐 것 같다. 호세 아르카디오 세군도는 이름을 물려준 선조의 건장한 체구와 충동적인 성격을 갖지 않았고, 아우렐리아노 세군도는 이름이 같은 아우렐리아노 부엔디아 대령처럼 마르지도 않고 고독한 성격도 아니다. 오히려 호세 아르카디오 세군도는 늙은 대령처럼 집중력이 강하고 고독한 성격이며, 아우렐리아노 세군도는 호세 아르카디오처럼 방탕하고 무절제한 생활에 빠진다. 이처럼 이름만 바뀌었을 뿐 외모는 너무 닮아서 종종 혼동될 정도인 이들 쌍둥이는 호세 아르카디오들과 아우렐리아노들의 특성들을 모두 지니고 있다.

브엔디아 가문은 대대손손 이어지는 이름과 성격적 특성들이 내재된 일련의 반복들 속에 갇혀 있다. 그러나 반복 유형은 순환적인 것이 아니라 많은 다른 성향들이 동시에 진행되고 있다. 실제로 그 가문은 결코 정확히 똑같은 출발점으로는 돌아가지 않고 과거에 지나간 것과 다르면서도 유사한 순간들과 상황들을 거쳐 순환한다.

이 부분에서 마콘도는 축복받은 과거의 순결한 상태로부터 오랜 기간에 걸쳐 퇴보하기 시작한다. 기차를 처음 본 여인이 하는 말—"부엌이 뒤에 마을을 질질 끌고 온다."—은 마콘도의 단순한 구식 생활방식과 현대적인 세계 사이의 갑작스러운 충돌을 보여준다. 기차가 그 고립된 마을로 싣고 오는 현대적인 것들은 마을의 진정한 정신인 브엔디아 가문의 쇠퇴를 은폐하는 일에 기여할 뿐인 성장기를 초래한다. 그 사실을 가장 먼저 깨닫는 사람은 상식적 지혜가 종종 맞아떨어지는 우르술라 이가란이다.

"그 세상은 천천히 종말을 향해 가고 있으며 이제 여기서는

(날아다니는 양탄자와 집시의 마술 같은) 그런 일들은 더 이상 일어나지 않는다."

경이로운 것들이 마콘도에 오지 않는 것이 아니라, 실제로는 기차가 싣고 오는 기술은 집시들이 과거에 가져왔던 자석이나 확대경보다 훨씬 더 신기한 것들이다. 대신, 마콘도 주민들은 기적을 느끼는 감각, 즉 작품의 초기 부분에 주입된 꿈같은 경이감을 잃어가고 있다.

이번 장들에서는 권력의 전횡과 무의미한 위계질서에 대한 반대가 분명해진다. 아우렐리아노 세군도가 아름답지만 쌀쌀한 페르난다 델 카르피오와 결혼할 때, 작가는 그녀가 자신의 귀족적 가식과 공허한 종교적 가치관을 부엔디아 가문에 주입하려 들자 눈살을 찌푸리는 것 같다. 시종일관 조직화된 종교제도를 회의적인 눈초리로 바라보는 이 작품이 높게 평가하는 호세 아르카디오 부엔디아는 마을의 사제를 비웃고, 아우렐리아노 세군도는 첩살림을 하는가 하면 아들이 교황이 된다는 발상을 비웃는 것. 그러나 종교가 들어오기 이전의 마콘도가 더 자유롭고 걱정이 없고 정신적으로 순결했다는 점이 분명히 암시된다고 해서 이 작품이 반종교적이란 말은 아니며, 오히려 그 반대로 기적과 종교를 매우 중시하고 있다. 그러나 그 종교는 이 소설의 전반적인 도덕과 윤리적 가치체계처럼 그 신봉자들에게는 크게 의존하지 않는다. 즉 마을의 초기 주민들이 마콘도에 오게 된 최초의 신부에게 말하듯, 종교란 중매자가 배제된 인간과 하느님 사이의 문제인 것이다. 삶이란 활기가 넘치고 금기사항이 거의 없을 때 가장 좋은 것이라고 암시하는 대다수 등장인물들은 성적이거나 다른 면에서 전통적인 종교 윤리에 구애받지 않는 것 같다. 그 결과, 가톨릭 원칙에 엄격하게 집착하는 페르난다 델 카르피오는 어리석은 인간처럼 보이도록 만든 반면, 페트라 코테스의 자유분방한 행동은 엄청난 재산으로 보상받는 듯하다.

Chapters 12-13

: 줄거리

Chapter 12

마치 하느님은 매번 놀랄 수 있는 능력을 시험하기로 결심했었던 듯 했고…

철도와 함께 마콘도에 유입된 현대 기술은 이제 번영하는 마을 주민들에게는 놀랍고도 걱정스러운 일이다. 그러나 혼란스러움을 배가시킨 것은 마콘도에 바나나 농장들을 차리고 마콘도 바로 옆에 울타리를 두른 자기네 마을을 만든 미국 자본가들이다. 급속히 국제도시로 변모하는 마콘도는 전구, 영화, 축음기, 전화, 수입 사치품, 그리고 점점 많은 창녀들이 들어오는 혼란 속에서 걷잡을 수 없는 성장기를 구가했다. 아우렐리아노 세군도는 외국인들이 몰려오자 매우 기뻐했다. 유일하게 흥분하지 않는 사람은 주변에서 진행되는 변화를 모르는 것 같은 미녀 레메디오스뿐이었고, 남자들이 그녀를 사랑하는 죄로 죽는다는 사실도 모르고 있었다. 아니, 사랑과 남자에게는 내내 아무런 관심도 없이 지내다가 어느 날 둥둥 떠서 우르술라와 아마란타 등에게 작별인사를 고하고 하늘 속으로 영원히 사라질 때까지 이 세상 사람이 아닌 것처럼 생활했다.

마콘도에서 자본주의가 기승을 부리는 가운데 아우렐리아노 부엔디아 대령은 외국 제국주의자들의 득세를 조장하고 있는 꼭두각시 보수파 정권과의 전쟁을 접기로 했던 결정을 후회하기 시작한다. 부유한 바나나 농장주들은 독자적인 경찰대를 조직했고, 경찰관들은 경범죄를 저지른 시민까지도 무자비하게 살해했다. 그 사건을 접하고 화가 치민 부엔디아 대령이 17명의 아들을 무장시켜 그들을 '쓸어버리겠다'고 위협했던 말이 비극을 불렀다. 17명의 아들 가운데 한 명만 생존하고, 나머지는 이마의 십자가 표시에 정체불명의 총탄을 맞고 횡사했던 것. 심각한 우울증에 빠진 부엔디아 대령은 게리넬도 마르케스 대령을 찾아가 부패한 정권과 외국인 침략자들을 몰아내는 전쟁을 시작하자고 제안했으나 거절당한다.

Chapter 13

아주 연로해진 우르술라는 시간이 옛날보다 더 빨리 지나간다는 사실을 깨닫는다. 그녀는 점점 시력을 잃어가고 있었지만, 간단한 집안일은 눈을 감고도 할 수 있었고 가족들의 판에 박힌 동선을 훤히 알고 있었기 때문에 아무도 눈치 채지 못했다. 우르술라는 호세 아르카디오(II)가 교황이 된다는 생각에 힘을 얻으면서도 가문에 일어난 모든 비극을 뼛속 깊이 아파했다. 호세 아르카디오(II)는 신학교로 떠났고, 3개월 후에는 메메가 기숙학교로 떠나면서 저택은 더욱 쓸쓸해졌다. 그 무렵부터 아마란타는 수의를 손수 만들며 죽음을 대비했다.

집안 살림에 대한 입김이 점점 세지는 페르난다 델 카르피오는 또 다시 가혹하고 종교적인 규율을 강요하려 들었다. 그 결과, 아우렐리아노 세군도는 첩 페트라 코테스의 집으로 이사하고, 코끼리란 별명을 가진 여자와 음식 먹기 경쟁을 벌이다가 거의 죽었다 살아나는 등, 더욱 흥청망청한 생활을 영위한다. 자녀들이 떠난 저택에서는 음산하고 유령이 나올 듯한 정적이 감돌았다. 그러나 메메가 집에 올 때면 아우렐리아노 세군도는 아버지 노릇을 하기 위해 페트라 코테스의 집을 떠나 부엔디아 저택으로 돌아왔다. 한 번은 방학을 맞은 메메가 학교 친구 72명을 데려와 집안을 온통 휘저어놓았는데, 아버지에게서 물려받은 무절제하고 사람 좋아하는 기질이 그대로 드러나는 순간이었다.

그 무렵, 마르고 슬픈 표정의 호세 아르카디오 세군도가 집에 다시 모습을 드러냈다. 우르술라는 그가 부엔디아 대령을 은둔생활에서 끌어내 주기를 바랐으나 그 역시 대령처럼 깊은 감정을 느끼지 못하기는 매한가지였다. 게리넬도 마르케스 대령이 전쟁을 마다한 이후부터 더욱 폐쇄적으로 변한 부엔디아 대령은 새로운 황금물고기 제작을 멈추고, 그것을 몇 개씩만 만들었다 녹여 다시 만드는 작업을 반복하면서 죽음을 향해 표류하다가 어느 날 아침 밤나무 아래에서 시체로 발견되었다.

: 풀어보기

현대적인 변화의 속도와 현대 기술이 마을 주민들의 현실 감각을 혼란시킨다는 가르시아 마르케스의 가정에는 어느 정도 역설이 존재한다. 어쨌든, 주민들은 기적 같은 엄연한 현상에 당황하지 않는 것처럼 보이기 때문이다. 이처럼 독자의 예상을 뒤엎는 것은 사실상 사회 규범의 반전이다. 즉 마콘도에서는 초자연적인 현상은 당연시되어도 기술적인 현상은 비현실적으로 보이는 것. 그 반전은 혼란스러운 현대적인 것들을 마콘도에 가져오는 기차의 도착으로 더욱 분명해진다.

"마치 하느님은 매번 놀랄 수 있는 능력을 시험하기로 결심했었던 듯했고, 마콘도 주민들이 흥분과 실망, 의문과 깨달음 사이를 영원히 오가게 하면서 아무도 그 현실의 한계가 어디에 놓여 있는지 확실히 알지 못하는 극단적인 정도에까지 이르게 만들고 있는 것 같았다."

소설이 진행되면서 기술이 초자연적인 사건을 대신한다. 바나나 회사의 기술자들은 '옛날에 하느님만 가졌던 수단을 부여받았다'는 소문이 나도는 것.

이 같은 기대의 반전 뒤에는 실재하는 정치적 · 역사적 의미도 존재한다. 신화적이고 초자연적인 현상은 편안하게 느껴져도 현대 문화에 적응하기는 지극히 어려웠던 라틴 아메리카 사람들의 삶에 서구 산업기술이 초래한 혼란의 정도를 전달하려는 것이다. 마을 주민들은 영화 기술은 현실이 아닌 환상의 산물이라며 거부하는 반면, 호세 아르카디오 부엔디아나 멜키아데스의 유령들이 출현하는 현상은 진짜라고 수긍한다. 작가는 독자들이 마법과 기술을 모두 실존하는 것으로 간주하면서 적어도 이 소설에서는 양자 사이의 차이점을 객관적 사실보다는 관점의 문제로 받아들이기를 기대하고 있다.

훗날 바나나 농장이 들여온 새로운 화폐와 거주자들 때문에 바나나 농장은 마을에서 가장 비극적인 분쟁의 현장이 되면서, 호세 아르카디오 부엔디아가 건설했던 완벽한 질서를 갖춘 마을은 시끄럽고 혼란스러워진다. 유일하게 차분한 감정과 순결을 유지하는 미녀 레메디오스는 고유한 개성이 없는 듯하고 상징으로서만 기능하기 때문에 이 소설에서 가장 당혹스런 인물이라고 할 수 있다. 부엔디아 가문 사람들의 특징인 깊은 자기성찰 능력이 없고, 자의식과 다른 사람들에게 공감하는 능력이 부족하며, 오로지 동물적인 감정에 따라서만 행동하고, 유일한 특성이라면 순진무구한 마음과 애를 끓게 만드는 미모뿐인 것. 따라서 살아 있는 인간이라기보다는 단순하게 마콘도가 잃어버린 아름다운 순결—아담과 이브가 금지된 선악과를 따먹고 나체와 원죄에 대해 알기 이전에 가졌던 것과 비슷한 순결—의 상징으로서 기능한다. 집에서는 나체로 걸어 다니는 것을 자연스럽게 생각하고, 넘쳐나는 지식과 기술에 오염된 현대적인 마콘도에서 과거의 잔재이자 추억을 상기시켜주는 그녀가 실제로 이 세상에서 살기에는 너무 순수한 나머지 천국으로 다시 불려가듯 하늘로 사라지는 사건은 독자에게 마콘도의 비극적 상황을 실감하게 해준다.

미녀 레메디오스의 때 묻지 않은 순결은 에덴동산을 상기시키는 듯한 반면, 시간에 대한 우르술라의 묵상은 전반적으로 구약 성서를 떠올리게 한다. 오래 전에는 아이들이 아주 더디게 자랐고, 시간은 사람들에게 아주 부드럽게 영향을 주었다는 회상은 사람들이 엄청나게 장수하는 성서의 처음 부분과 유사하고, 이어 내용이 전개됨에 따라 성서처럼 시간의 흐름이 더욱 빨라진다. 가르시아 마르케스는 이 작품의 진행속도 결정에 비슷한 기법을 사용했다. 처음에는 미래가 끝없이 펼쳐지면서 사람들은 죽음에 대한 두려움을 느끼지 않고 살아가며, 세상에는 아이들을 위한 공간이 넘쳐나지만, 소설이 진행되면서 죽음이 더 큰 역할을 발휘하고, 시간이 아주 빨리 흐르기 시작하면서 따라가기 어려워지는 것. 예를 들어, 아이들은 하나 또는 두 개의 장이 진행되는 기간에 성인이 된다. 이 같은 시간의 속도 증가는 성서의 모방이자 인간의 수명을 반영하는데, 처음에는 수명이 영원한 것 같지만 세월이 흐르면서 빨라지기 시작한다. 그런 의미에서 마콘도는 한 사람의 인간과 같고, 〈백 년 동안의 고독〉은 그 인간의 전기인 것이다.

시간이 더 빨리 흐르면서 소설 전반에 존재하는 반복주기도 점점 더 작은 규모에서 일어난다. 아우렐리아노 부엔디아는 황금물고기를 계속 만들지만, 이제는 만든 것을 녹여 다시 만드는 작업을 되풀이하는 미세한 반복 속에 자신을 가둔다. 눈먼 우르술라가 아무 어려움 없이 활동할 수 있는 것도 부엔디아 가문 사람들이 매일 변함없는 일과를 되풀이하기 때문이다. 부엔디아 대령은 죽기 직전 여러 해 동안 매일 밤 똑같은 꿈을 꾸었다는 사실을 깨닫는 꿈을 꾼다. 이 모든 일은 부엔디아 가문 사람들을 휘감아 벗어날 수 없는 과거의 거미줄 속에 묶어놓는 나선형의 반복 증상이다.

Chapters 14-15

: 줄거리

Chapter 14

아르카디오 부엔디아 대령의 애도기간에 아우렐리아노 세군도와 페르난다 델 카르피오 사이에서 메메의 여동생 아마란타 우르술라가 태어났다. 아버지처럼 경박한 인간으로 성장한 메메는 어머니의 바람에 맞춰 클라비코드 공부를 마치자 본색이 드러나면서 파티나 수다, 남자 얘기를 즐겼다. 아버지와는 이해가 맞아떨어지고 똑같이 어머니를 싫어했기 때문에 동료의식이 생겨 함께 지내는 시간이 많아졌으며, 몇몇 미국 처녀들과 사귀고 어울리면서 영어도 조금 익혔고, 선물로 영어 백과사전도 받았다.

가문의 2세대 마지막 생존자인 아마란타는 오랜 세월 동안 기억 속으로 빠져들어 현재보다는 고독과 후회로 점철된 과거에서 더 많이 살고 있으며, 여러 해 전에 어떤 여자 유령이 나타나 수의를 완성하면 죽을 것이란 예언을 들려준 이후부터 실을 잣고 수의를 만들기 시작했다. 마음속에서 모든 미움을 벗어던진 그녀는 수의가 완성되자, 온 마을 사람들에게 해질녘에 죽을 것이라고 알리고는 속죄의 뜻으로 산 사람들의 편지를 죽은 사람들에게 전해 주겠다고 발표했다. 준비한 상자에 편지들이 가득 찼고, 잠시 후에 아마란타는 처녀로 삶을 마감했다.

아마란타가 세상을 떠난 후 우르술라는 여러 해 동안 침대에 누워 지내는데, 어린 아마란타 우르술라가 종종 찾아와 살가운 관계를 맺는다.

메메는 항상 노랑나비를 몰고 다니는 바나나 농장의 견습기계공 마우리치오 바빌로니아가 대범하고 노골적으로 접근하자 남성적이고 진지한 태도에 매혹된다. 딸의 행동을 의심하고 감시하던 페르난다가 두 사람이 영화관에서 키스하는 모습을 목격하고 화가 치밀어 메메를 침실에 가두지만 그들의 사랑을 막지는 못했다. 페르난다는 닭 도둑을 핑계 삼아 읍장에게 청을 넣어 뒷마당에 경비원을 배치했다. 어느 날, 그 사실을 모르고 저택에 침입한 마우리치오는 경비원의 총에 척추를 맞고 불구자가 되었다.

Chapter 15

마우리치오 바빌로니아의 전신마비에 깊은 상처를 받고 말을 잃은 메메는 딸을 수치스럽게 여긴 어머니 손에 이끌려 어머니의 고향 수녀원으로 끌려갔고, 그곳에서 바빌로니아를 생각하며 여생을 보내다가 눈을 감았다. 페르난다가 마콘도로 돌아온 지 수개월 후, 수녀 한 사람이 메메가 낳은 바빌로니아의 사생아를 데리고 부엔디아 저택에 나타났다. 아기 이름은 아우렐리아노(II)라고 했다. 페르난다는 아이를 아우렐리아노 부엔디아 대령의 낡은 작업실에 숨겨두고 키우면서 주변 사람들에게는 '바구니에 담겨 떠내려 온 아기'라고 둘러댔다.

한편, 노동자들은 바나나 농장의 비인간적인 근로조건을 바로잡기 위해 법에 호소했으나 자본가들의 편을 드는 재판부와 변호사들에 의해 뜻을 이루지 못하게 되자 대규모 파업에 돌입했다. 마콘도에는 계엄령이 내려졌고, 군인들이 바나나를 수확하기 시작했다. 노동자들은 작업을 방해하고, 농장과 시설에 불을 질렀으며, 선로를 파괴했다. 군인들은 기관총을 발사했고, 많은 노동자들이 죽었다. 다급해진 정부는 이견 해소를 위해 집회를 갖는다며 주민소집령을 내렸고, 소집일 아침에는 3천 명 이상의 군중이 역 광장에 모여들었다. 그날 오후, 도 대표자들의 도착이 하루 미뤄졌다는 소문이 퍼지자 실망한 군중들이 웅성거렸다. 그때 장교 한 사람이 역의 지붕으로 올라가 포고령을 읽었고, 5분 후 기관총이 불을 뿜었다. 광장은 순식간에 아수라장으로 변했고, 호세 아르카디오 세군도가 정신을 차렸을 때는 달리는 기차의 시체더미 속이었다. 그는 간신히 기차에서 뛰어내려 퍼붓기 시작한 비를 맞으며 마콘도로 돌아왔으나 주민들은 대학살을 기억하지 못했고, 그가 만난 주민들뿐만 아니라 동생 아우렐리아노 세군도마저 그의 말을 믿으려 하지 않았다.

정부와 군대는 마콘도에서는 죽은 사람이 없고 파업도 마무리되었으며 농장 작업은 비가 그칠 때까지 중단하겠다고 공식발표하는 한편, 밤에는 노조지도자들을 계속 색출해내 처치했다. 마침내 마지막 생존자 호세 아르카디오 세군도의 소재를 파악한 병사들이 부엔디아 저택에 들이닥쳐 이곳저곳을 뒤지다가 멜키아데스의 낡은 방을 열어젖혔다. 그러나 부엔디아 사람들 눈에는 멜키아데스의 낡은 방에 체념한 채 앉아 체포를 기다리는 호세 아르카디오 세군도가 보였지만, 병사들에게는 그 방이 얼마나 오래 되었는지 짐작할 수도 없을 정도였고 낡은 물건들 이외에는 아무것도 보이지 않았다. 대학살 이후에 바깥세상이 몹시 두려워진 호세 아르카디오 세군도는 그 방에 틀어박혀 열심히 멜키아데스의 난해한 원고를 해독하며 외부세계와 담을 쌓고 지냈는데, 그가 살아가는 목적은 오로지 그 고문서를 연구하고 학살당한 3천 명의 노동자에 관한 기억을 보존하는 일뿐이었다.

: 풀어보기

메메의 사랑이 파탄 나고, 파업을 벌인 바나나 노동자들이 학살당하는 이중의 비극은 부엔디아 가문이 최후의 파멸을 향해 나선형을 그리며 계속 추락하는 과정을 알리는 신호일 뿐만 아니라, 그 후손 세대들이 조상들의 삶의 형태를 결정지은 여러 사건들을 다시 경험하게 만든다. 마우리치오 바빌로니아가 경비병의 총에 맞은 후 메메는 어머니 페르난다가 살았던 똑같은 도시, 똑같은 수녀원에서 억지로 수녀가 되는데, 이처럼 어머니의 고향으로 돌아가는 것은 어머니가 아우렐리아노 세군도의 사랑에 의해 빠져나왔던 무자비한 운명을 그 자식이 다시 시작한다는 암시다. 호세 아르카디오 세군도가 파업노동자들과 손을 잡은 것도 가문에 전례가 있듯 근로 계급의 권리를 위해 싸웠던 아우렐리아노 부엔디아 대령을 대신하는 것이고, 대량학살 사건 후에는 역시 대령의 전쟁에 대한 환멸과 고독한 성격을 이어받아 방에 틀어박혀 멜키아데스의 원고를 연구하며 지낸다. 특유의 지혜를 통해 세대 간의 그 같은 유사성을 알아차린 사람은 우르술라 이가란이다.

"세상은 되풀이되는 것 같다."

노동자 대학살의 참혹한 성격과 솔직한 서술은 가르시아 마르케스가 소설의 줄거리 구성에 개인적인 기억을 이용했기 때문에 가능했으나 유혈사태에 관한 선정적인 언급은 거의 찾아볼 수 없다. 기관총 사격은 '회오리바람', 노동자 군중은 '양파'에 비유되고, 대학살 사건은 불과 몇 쪽 분량으로 끝나며, 호세 아르카디오 세군도 이외에는 주민 전체가 거의 즉시 잊어버리는 것. 그러나 작가의 무미건조한 어조는 사건의 참상을 완화시키는 것이 아니라 오히려 그 반대 효과를 나타낸다. 기계처럼 움직이는 학살자들과 마치 작가 자신이 너무 공포스러운 나머지 그 사건을 장시간 기록할 수 없다는 듯이 간결하게 서술한 산문 형식으로 인해 학살극이 더더욱 잔혹하게 느껴지는 것. 그런데 이 같은 효과는 놀라운 일이 아니다. 그 대학살이 가르시아 마르케스가 직접 경험한 참혹한 일화에서 영감을 얻었기 때문이다. 어린 시절 그의 마을 부근에 있던 바나나 농장에서도 노동자들이 파업을 벌이다 몇 사람이 기관총으로 살해되어 바다에 던져진 사건이 있었다.

소설 속에는 가르시아 마르케스의 경험과 기억 이외에 정치적 신념도 뒤섞여 있다. 아우렐리아노 부엔디아 대령이 진보파를 위해 싸운 이야기 속에서 진보파와 그 대의명분에 대한 작가의 공감과 부패한 보수파 정부에 대한 멸시를 눈치 챌 수 있는 것. 두 정파들과 그들이 벌인 전쟁은 완전한 허구가 아니라 작가의 조국 콜롬비아에서 벌어진 정치 투쟁이 소설 형식으로 재현된 것이다. 마찬가지로 마콘도의 바나나 회사들에 얽힌 이야기의 이면을 들여다보면, 라틴 아메리카를 지배한 서구 제국주의 역사인 것을 알 수 있다. 가르시아 마르케스는 보수파 정부의 지원을 받은 탐욕스러운 바나나 회사들의 자본주의적 제국주의가 마콘도에 부패와 만행을 불러오고, 주민들에게는 잔혹한 압제를 가하며 해를 끼치는 것으로 묘사한다. 이처럼 라틴 아메리카의 정치와 삶에 관해 이야기하면서 전체 문화를 대변하는 〈백 년 동안의 고독〉은 사회적 · 문화적 책임이라는 짐을 어깨에 짊어진 소설이다.

Chapters 16-17

: 줄거리

Chapter 16

대학살이 일어난 밤에 시작된 비는 4년 11개월 이틀 동안 계속되었다. 비 때문에 젊은 시절의 방탕한 생활을 내던지고 집에 갇혀 지내는 아우렐리아노 세군도는 열심히 집안 구석구석을 손질했으며, 페르난다 델 카르피오가 가둬놓은 방에서 마침내 빠져나온 메메의 아들 아우렐리아노(II)와 아마란타 우르술라를 돌보기 시작한다. 비는 아우렐리아노 세군도의 엄청난 재산을 전부 앗아갔다. 페트라 코테스와 함께 기른 가축들이 홍수로 모두 죽었기 때문이다. 페르난다는 자궁 질환을 치료하기 위해 다른 지역 의사들과의 편지 왕래에 몰두하는 한편, 남편 아우렐리아노 세군도의 무능함과 나태함을 구박하는 일에도 열심이다. 격분한 아우렐리아노 세군도는 집에 있는 깨지는 물건들을 모조리 깨버린 뒤에 외출했다가 먹을 것을 구해 돌아왔다.

침대에서 누워 지내는 우르술라가 점점 쇠약해지고 의

식도 오락가락하자 아마란타 우르술라와 아우렐리아노(II)는 우르술라의 이야기를 통해 알게 된 조상이 마치 실제로 찾아온 것처럼 우르술라에게 설명해 주면서 재미나게 놀려먹었다. 아우렐리아노 세군도는 우르술라가 거액의 금화를 감춰둔 곳을 알아내기 위해 이런저런 질문을 던졌으나 답을 얻어내지 못했고, 수개월간에 걸쳐 미친 듯 방들이 무너져 내려도 개의치 않은 채 땅을 파헤쳤고 금속탐지기도 동원해 보았지만 허사였다. 마침내 비가 그쳤을 때, 마콘도는 거의 폐허가 되어 있었다. 바나나 농장들은 홍수에 휩쓸려 습지가 되어버렸고, 마을은 기억 속으로 잊혀져가고 있었던 것.

Chapter 17

비가 그치자 침대에서 일어나 가족들과 함께 부엔디아 저택 구석구석을 손보려고 애쓰던 우르술라는 집시 멜키아데스의 방을 열었다가 수년간 은둔한 채 그의 고대 예언을 읽고 있는 호세 아르카디오 세군도를 발견했다. 우르술라는 호세 아르카디오 세군도를 꾸짖고, 집안 정리를 도우라고 말했지만, 대학살 사건에 질렸던 그는 방에서 나오려고 하지 않았다.

가축을 모두 잃고 생계를 꾸려나가기 위해 복권 장사를 다시 시작한 아우렐리아노 세군도와 페트라 코테스는 초라한 파티들이나 열고, 돈에 쪼들리면서도 그 어느 때보다 행복감을 느끼며 다시 미친 듯한 사랑에 빠진다. 지난날의 엄청난 부와 낭비, 음탕함으로 점철된 삶의 역겨움을 깨달았던 것. 복권 장사에 열중하던 아우렐리아노 세군도는 빠르게 성장하는 아이들과 함께 지내는 시간이 점점 줄어들었다. 아우렐리아노(II)는 키가 크고 후리후리하며 고독을 즐기는 아우렐리아노 계통 선조들의 모습으로 성장했다.

과거와 현재를 구별하지 못하고 지내던 우르술라는 제정신을 찾지 못한 채 120세가 넘어 세상을 떠났다. 그날, 지옥 같은 무더위가 마을을 덮치자 주민들은 천벌을 받는다고 믿기 시작했다. 찌는 듯한 무더위를 피해 서늘한 곳을 찾아들어가던 새들이 벽과 창문에 부딪혀 떼죽음하고, 신부가 전날 밤 만났다는 병든 천사 모습의 괴물인 방랑하는 유대인이 함정에 빠져 창에 찔려 죽었던 것. 그해 말, 레베카가 외로이 죽었다.

마을에는 황폐한 분위기가 감돌고, 번성했던 시절에 대한 향수가 그 공백을 메운다. 아우렐리아노 세군도는 공부에 열중하는 아마란타 우르술라의 유럽 유학자금을 대기로 결정하고 홍수로 폐허가 된 땅을 복구하려 노력하지만, 힘에 부친다. 호세 아르카디오 세군도는 아우렐리아노(II)에게 읽기와 쓰기를 가르치고 양피지 원고를 연구하도록 부추겼으며, 마콘도의 역사에 대해서도 여러 차례 설명해 주었고, 마침내 함께 멜키아데스의 예언 해석에서도 진전을 이루었다.

땅을 걸고 복권을 팔아 번 돈과 이래저래 마련한 돈을 주어 아마란타 우르술라를 브뤼셀로 보낸 아우렐리아노 세군도가 죽는 시각, 쌍둥이 호세 아르카디오 세군도 역시 아우렐리아노(II)에게 바나나 노동자 대학살 사건을 잊지 말라는 유언을 남기고 숨을 거둔다. 장례식의 혼란 속에서 쌍둥이의 관이 뒤바뀌어 매장된다.

: 풀어보기

마콘도를 홍수에 잠기게 하고, 특히 바나나 회사의 흔적을 지상에서 사실상 지워버린 4년 11개월 이틀에 걸친 홍수는 노아의 시대에 지상을 뒤덮었던 성서의 홍수와 비슷하다. 노아의 시대에도 세상에는 사악한 인간들이 넘쳐났고, 성서에서는 홍수가 악인들을 휩쓸어 세상을 정화시켰다. 〈백 년 동안의 고독〉에 나오는 장기간의 비는 학살된 노동자들을 애도하는 하느님의 비 또는 마콘도를 정화시키는 비로 간주할 수 있으나 또 다른 암시도 가능하다. 우리는 이미 바나나 회사가 비를 내리게 하는 능력을 가졌으며 하느님의 권능을 대신한다는 이야기를 들은 적이 있다. 현대 기술이 신의 자리를 차지하는 것은 마콘도의 현실이 파괴된 것을 나타내는 증상이다. 하느님과 죽음의 천사를 대신한 바나나 회사의 브라운 씨가 대학살의 흔적을 말끔히 씻어버리고, 주민들의 기억을 지우기 위해 비를 내리게 했다는 것.

호세 아르카디오 세군도가 죽자, 마을의 기억을 보존하는 인물이 된 아우렐리아노(II)는 마을을 탐사하다가 그 역사가 사실상 잊혀진 사실을 발견한다. 가르시아 마르케스의 말에 의하면, "망각의 탐욕이 기억들을 무자비하게 무너뜨리고 있었다." 노쇠한 우르술라 이가란은 어린이처럼 되어 마을의 은유 역할을 한다. 옛 시절 속에 움츠린 채 과거를 모르는 마콘도는 거의 유아시대로 되돌아가 마을의 역사가 시작될 때처럼 집시들이 찾아오면서 '그렇게 무너지고 (몇 안 되는), 주민들은 나머지 세상으로부터 고립되어' 집시들이 가져오는 자석이나 확대경 같은 물건들이 또 다시 경이의 원천이 되면서 "시간은 흐르는 것이 아니라… 순환한다"는 우르술라의 말이 점점 더 맞아떨어진다. 부엔디아 가문처럼 마콘도 역시 일련의 반복적인 순환 속에 갇힌 것 같지만, 모두 최후를 향해 점점 다가가고 있다는 것도 사실이다.

아우렐리아노(II)가 사람들에게 바나나 노동자들의 대학살에 대해 말하기 시작하면서 그가 전하는 사건이 그동안 알려진 이야기와 전혀 다르다는 사실이 분명해진다.

"그의 이야기는 역사가들이 만들어 교과서에 신성하게 옮겨놓은 거짓 이야기와 철저히 다르기 때문에 사람들은 그가 환각 속에서 목격한 광경을 이야기한다고 생각했을 것이다."

진실은 환각처럼 보이는 반면, 허구의 역사가 진실처럼 보이는 반전은 가르시아 마르케스가 현실과 환상 사이의 경계선들을 계속 변경시키는 방법 속에 그대로 나타난다. 〈백 년 동안의 고독〉에서는 기존에 인정되었던 진실이 때로는 환상보다 더 허구적이고, 그 반대도 성립되는 것.

Chapters 18-20

: 줄거리

Chapter 18

멜키아데스의 실험실에 틀어박혀 연구를 계속하던 아우렐리아노(II)는 이따금 찾아와 단서를 제공하는 집시 멜키아데스 유령의 도움으로 마침내 산스크리트어를 깨우치고, 백 년이 될 때 양피지 원고가 해독된다는 것을 알게 된다. 가난해진 부엔디아 가문 사람들은 아우렐리아노 세군도의 첩 페트라 코테스가 정체를 속이고 보내주는 식량으로 살아간다. 반세기 동안 참을성 있게 가족과 집안일을 돌보던 아르카디오의 미망인 산타 소피아 데 라 피에다드는 아우렐리아노에게 '도저히 이 (낡은) 집을 유지할 도리가 없다'며 집을 나갔다. 얼마 지나지 않아 운명을 한탄하며 유럽의 자녀들에게 편지만 쓰고 살던 페르난다 델 카르피오는 지난날의 향수를 이기지 못하고 세상을 떠났으며, 4개월 후에 아들 아르카디오(II)가 초췌한 모습으로 마콘도에 돌아왔을 때까지 시체는 말짱했다.

신학교에서 공부한 것이 아니라 거액의 재산상속을 기대하며 세월을 보낸 호세 아르카디오(II)는 과거의 기억과 과대망상증을 지닌 채 오래되고 황폐한 저택에서 지내다가 우연히 우르술라 이가란이 침대 밑에 숨겨두었던 금화들을 발견했다. 저택을 수리하고 술과 먹을 것으로 창고와 찬장을 가득 채운 그는 마을 청소년들과 환락의 밤을 즐겼으나 어느 날 허무함이 느껴지자 채찍질을 해대며 쫓아내고는 몸져누웠다. 그리고 아우렐리아노(II)에게 약을 사다 달라고 부탁한 이후부터 두 사람은 가까워진다.

어느 날, 그동안 공포 속에서 도망자로 쫓기며 살았던 아우렐리아노 부엔디아 대령의 마지막 아들이 다급하게 찾아와 숨겨달라고 애원했다. 그러나 두 사람은 그를 기억하지 못했고, 거리로 내몰린 그는 16명의 형제들처럼 저택 앞에서 추적하던 경찰관에게 사살되고 말았다. 돈독해지던 아우렐리아노(II)와 호세 아르카디오(II)의 관계는 목욕하던 호세 아르카디오(II)가 금화들을 노린 네 명의 청소년들에게 살해되면서 갑자기 끝을 맺는다.

Chapter 19

아마란타 우르술라가 부자 남편 가스톤을 대동하고 유럽에서 마콘도로 돌아왔다. 가스톤은 고향에 대한 아내의 사랑이 향수 어린 꿈이란 것을 알면서도 따라왔다. 정력적이고 결단력이 있으며 아름다운 아마란타는 저택과 마콘도에 다시 활력을 불어넣고 싶지만 쇠퇴는 되돌릴 수 없었다. 마콘도 생활이 2년쯤 흐르자 무료해진 가스톤은 이미 계획했던 아프리카가 아니라 라틴 아메리카에 항공우편국을 설립해도 좋겠다는 결정을 내리고, 곧이어 지역을 답사하면서 정부 당국자들과도 접촉했다. 주민들은 옛날처럼 바나나 농장을 세우는 것은 아닌지 의심의 눈초리를 보냈다.

호세 아르카디오가 죽은 이후에 아우렐리아노(II)는 지혜로운 카탈루냐 사람의 서점에 단골이 되었고, 해방감을 느끼며 마을을 돌아다니다가 쇠퇴한 사창가에서 만난 사람들이 마콘도의 가장 명망 높은 부엔디아 가문과 노동자 대학살 사건을 기억하지 못한다는 사실을 알았다. 아마란타가 돌아온 후에 그녀를 사랑하게 된 그는 양심의 가책과 고뇌 속에서 몸부림치며 늙은 흑인 창녀 니그로만타를 찾게 되었고, 지혜로운 카탈루냐 출신 서적상과 서점에서 만나는 네 명의 젊은 학자들을 사귀며 마음의 위안을 얻었다. 그들의 하루는 서점에서 시작되어 사창가에서 끝이 났다. 어느 날, 그들과 함께 찾아간 사창가에서 아우렐리아노(II)는 140세가 넘은 4대조 할머니 필라르 테르네라를 만났고, 그 날부터 그녀의 이해와 보살핌 속에서 마음의 안정을 느꼈다. 아마란타에게 속마음을 털어놓았다가 퇴짜를 맞은 날 오후에도 4대조 할머니를 찾아가 그녀의 무릎에 얼굴을 묻고 흐느끼던 그는 부엔디아 가문 사람들의 근친상간 성향을 꿰뚫고 있는 그녀의 조언에 힘입어 집으로 돌아와 아마란타 부부의 침실로 들어갔다. 깜짝 놀란 아마란타는 거부의 몸짓을 보였으나 세차게 저항하지는 않았다.

Chapter 20

(아우렐리아노(II)는) 마치 한 순간에 공존했던 듯한 방식으로… 완벽하게 보조를 맞춘 양피지들의 제사(題詞)를 보았다.

카탈루냐 출신 서적상에 이어 네 학자 친구들도 조용한 죽음의 고통에 갇혀 있는 마콘도를 떠났다. 그러나 먼지와 무더위만 가득 찬 마콘도의 고독 속에서도 아우렐리아노(II)와 아마란타 우르술라는 사랑을 나누며 행복하게 지냈다. 가스톤은 사업계획을 추진하기 위해 벨기에로 떠났다가 아내의 편지를 통해 불륜 사실을 알게 되자, 돌아오지 않았다. 부엔디아 저택은 두 사람의 자유분방하고 대담한 애정행위와 도처에서 우글거리는 붉은 개미에 의해 파괴되었고, 그들 사이에서 돼지꼬리가 달린 아우렐리아노(III)가 태어나면서 우르술라 이가란이 오래 전에 걱정했던 근친상간의 무서운 결과가 현실로 나타났다. 아마란타는 출산 후 걷잡을 수 없는 출혈로 세상을 떠났다. 슬픔에 겨워 니그로

만타의 품과 술에서 위안을 찾으며 아기의 존재를 잊어버렸던 아우렐리아노(II)가 아기의 시체를 발견했을 때는 새까만 개미 떼에게 먹히고 있는 중이었다. 그 순간, 그는 부엔디아 혈통의 시작과 종말을 깨닫고 집에 틀어박혀 멜키아데스의 원고를 해독하고 보니 마콘도가 세워질 때부터 전개된 부엔디아 가문의 역사를 상세하게 기록해 놓은 것이고, 그가 읽고 있는 바로 그 순간에는 자신의 읽는 행위를 그대로 묘사하면서 자신의 생애를 거울처럼 비치고 있다는 사실을 알게 된다. 그의 주변에서는 묵시록적인 바람이 회오리치면서 마을을 기초부터 허물어뜨려 기억으로부터 지워버리고 있다.

(아우렐리아노(II)는) 자신이 결코 이 방에서 떠날 수 없다는 것을 이미 알고 있었다. 백 년 동안의 고독이 운명 지워진 종족들은 지상에서 두 번째 기회를 갖지 못하기 때문에 양피지에 쓰인 모든 내용이 … 다시는 반복될 수 없다는 점을 예견했던 것이다.

: 풀어보기

부엔디아 가문이 근친상간 때문에 나선형으로 종말을 향하는 것은 당연하다. 이모와 조카 사이인 아마란타 우르술라와 아우렐리아노(II)는 아기를 낳고 예상처럼 '아우렐리아노'란 이름을 붙인다. 부엔디아 가문의 마지막 생존자들이자 전형적인 부엔디아 사람들처럼 바깥세상으로부터 고립된 채 서로에게 집착하는 두 사람은 예언서의 마지막 줄에서 묵시록적인 바람에 의해 파괴되고 역사가 다한 마콘도에 사실상 마지막까지 남아 있는 사람들이다. 그 최후의 묵시록적 분노 속에서 마콘도뿐만 아니라 전 세계 역시 파괴되었다고 느끼는 독자들도 있을 텐데, 그 같은 인식이 전적으로 틀렸다고 할 수는 없다. 내향적인 마콘도는 모든 범위의 인간적인 감정과 경험을 품은 채 고립을 자초하는 세계가 되었다. 아담과 이브를 닮은 호세 아르카디오 부엔디아와 우르술라 이가란을 원조로 삼아 어떤 의미에서는 모든 인류를 대표하는 부엔디아 가문의 시간은 바닥이 났다. 다시 말해, 인류도 세대 반복의 무한한 순환이 마침내 끝나면, 시간이 바닥날 것이라는 암시다.

"가문의 역사는… 마모가 계속 진행되어 회복 불가능한 굴대가 아니었더라면 영원 속으로 계속 굴러들어갔을 돌아가는 수레바퀴였다."

아우렐리아노(II)와 아마란타의 근친상간이 부엔디아 가계의 본질적인 붕괴의 신호가 된 것처럼 예언의 해독은 시간이 자체적으로 종결된다는 신호다. 아우렐리아노(II)가

읽을 때 모두 동시에 일어나는 과거, 현재, 미래는 어떤 의미에서는 소설 전체에서 나타나는 현상이다. 즉 과거의 유령들이 현재에 출몰하고, 필라르 테르네라는 과거뿐만 아니라 미래도 읽을 수 있으며, 부엔디아 가문 사람들은 과거, 미래, 현재 속을 동시에 이동하면서 세 가지 시간을 같은 것으로 만들었다.

아우렐리아노(II)의 마지막 순간은 그동안 계속 일어났던 모든 사건의 축소판 같다. 〈백 년 동안의 고독〉 속에서 시간은 유일무이한 사건들이 일직선으로 진행되는 과정이 아니라 무수한 진행이 동시에 벌어지는 것이며, 그 속에서는 유일무이하게 여겨지는 사건이 하나도 없다. 과거와 미래에 연결되어 다른 어딘가에서 동시에 일어나고 있기 때문이다.

멜키아데스의 예언도 시간 속에서 특이한 위치를 차지한다. 비록 미래의 사건을 예고하기 위해 집필되었지만, 아우렐리아노(II)에 의해 부엔디아 가문의 정확한 역사로서 해석되기 때문이다. 주변에서 회오리바람이 일어날 때, 그는 마침내 멜키아데스의 예언을 해독하고 아주 상세한 내용까지 정확하게 마을의 역사를 남겼다는 사실을 깨닫는다. 그 내용은 마을 역사의 실체를 거울처럼 반사하고, 따라서 아우렐리아노(II)는 자신의 파괴를 체험하며 읽는 것이다. 이 부분에서는 운명은 피할 수 없다는 인식이 강하다.

즉 부엔디아 가문 사람들은 오랜 세월동안 전지(全知)한 책이 예언한, 그리고 따라서 어떤 의미에서는 정해진 운명에 따라 인생을 살아왔다. 심지어 그 예언서는 사실상 〈백 년 동안의 고독〉과 같은 책이며, 멜키아데스는 내내 작가 가브리엘 가르시아 마르케스의 대리모 노릇을 했다고 주장할 수도 있다. 〈백 년 동안의 고독〉이 허구의 세계를 구축하는 동시에 가르시아 마르케스의 조국 콜롬비아가 처한 현실을 반영하려고 시도한 것과 마찬가지로 예언서도 당연히 현실을 형상화하고 거울처럼 반사하는 문학작품으로서 성공을 거두었다. 소설 앞부분에서 멜키아데스가 예견한 유리의 벽을 가진 도시는 어떤 의미에서는 이루어졌다. 마콘도는 작가가 살고 있는 세계의 현실을 반사하는 유리와 거울로 만들어진 도시이기 때문이다.

Important Quotations Explained

다음은 주요 인용구 해설입니다.

1. **당시 마콘도는 선사시대의 알들처럼 희고 반들거리는 거대한 돌들이 깔린 바닥을 따라 맑은 물이 흐르는 강의 둑 위에 세운 20채의 어도비 벽돌집으로 이루어진 마을이었다. 그 세상은 생긴 지 얼마 되지 않아 많은 사물은 이름이 없었으며, 따라서 그것들을 지적하려면 일일이 그 방향을 가리켜야 했다.**

   — 1장 도입부. 사람들이 일종의 에덴 같은 마콘도를 건설하는 이 구절은 아담이 동물들에게 이름을 붙인 성서 이야기를 상기시킨다. 구약 성서와의 유사성은 마콘도가 지나치게 많은 지식을 탐구하면서 서서히 순결을 상실하는 것과 마찬가지로 소설 전체에 걸쳐 존재한다. 그러나 동시에 '선사시대의 알들'이란 언급은 세상의 기원에 관해 전혀 다른 설명을 펼치는 진화론을 암시한다. 이처럼 시작 부분에서 전혀 다른 두 가지 창조론을 언급함으로써 가르시아 마르케스는 이 책에서 자신만의 신화를 만들어내겠다는 속내를 드러낸다. 그 신화는 오로지 성서나 과학 어느 한쪽에만 근거한 것이 아니며, 우리에게 몇 가지 다른 신화들을 동시에 받아들이도록 요구하고 있다.

2. **아우렐리아노 호세는 아마란타가 그에게 주지 않았던 행복을 (카르멜리타 몬티엘과 함께) 찾고, 일곱 자녀를 두며, 늙어서는 그녀의**

품에 안겨 죽을 운명이었으나 총탄이 카드들의 점괘를 잘못 해석하고 그의 등을 뚫고 들어와 가슴을 산산조각 냈다.

— 8장. 아우렐리아노 호세가 카드 점괘에 따라 외출을 만류하는 어머니의 말을 듣지 않고, 연극 구경을 갔다가 군인들에게 살해되는 장면. 〈백 년 동안의 고독〉에서는 내내 예정된 운명의 관념이 자연스럽게 받아들여진다. 시간은 주기적이기 때문에 결국 미래를 본다는 것은 과거를 기억하는 것처럼 쉬울 수 있다. 그러나 이 구절 속의 예언은 미래를 미리 알려줄 뿐만 아니라 실제로 영향을 미치기도 한다. 읽고 해석하는 행위는 이 소설 속에서 마술적으로 강력한 지위를 점하고 있으며, 그 위력은 아우렐리오(II)가 예언을 읽을 때 마콘도가 파괴되는 마지막 몇 쪽에서 다시 보게 된다. 가르시아 마르케스는 읽기라는 허구적 행위에 마술적 힘을 부여할 뿐만 아니라, 그가 모든 읽기에서 해석의 중요성을 인식하고 있다는 점도 암시한다.

3. 마치 하느님은 매번 놀랄 수 있는 능력을 시험하기로 결심했었던 듯했고, 마콘도 주민들이 흥분과 실망, 의문과 깨달음 사이를 영원히 오가게 하면서 아무도 그 현실의 한계가 어디에 놓여 있는지 확실히 알지 못하는 극단적인 정도에까지 이르게 만들고 있는 듯했다. 실제와 환상이 얽히고 설킨 그 상황은 호세 아르카디오 부엔디아의 유령이 좀이 쑤셔 몸부림치게 했고 심지어는 대낮에도 저택 안을 온통 헤매도록 만들어놓았다.

— 12장. 철도가 부설되고 축음기, 전화, 전구 같은 새로운 발명품이 홍수처럼 쏟아져 들어온 직후의 장면. 마콘도 주민들은 날아다니는 양탄자와 기적 같은 노란 꽃비를 자연 현상의 일부로 생각하면서도 기계 발명품의 실체를 의심한다. 따라서 이 구절은 마콘도의 전환점을 나타낸다. 한때는 마술적이고 신화적인 세계를 유일한 현실로 믿었으나 이제는 과

학과 마술 양쪽을 받아들이지 않으면 안 되는 상황에 이른 것. 가르시아 마르케스는 여기서 유머를 활용한다. 왜냐하면, 현대적인 시각으로는 기계적 발명품들보다 훨씬 더 믿을 수 없는 호세 아르카디오 부엔디아의 유령조차 전화의 존재를 믿지 못하기 때문이다. 그러나 〈백 년 동안의 고독〉을 읽을 때는 그 같은 현대적인 시각을 포기하고 마콘도 주민들의 시각을 따르라는 요구를 받는데, 독자는 읽는 내내 양쪽의 관점을 모두 알고 있어야 한다.

4. **(아우렐리아노(II)는) 인간의 시간과 공간의 순서에 완벽하게 보조를 맞춘 양피지들의 제목을 보았다. 그 가계의 시조는 나무에 묶이고 마지막 자손은 개미에게 먹히고 있으며… 멜키아데스는 인간의 통상적인 시간 순서에 따라 사건들을 나열하지 않고 한 세기에 걸쳐 일어난 일화들을 한 순간에 공존했던 것처럼 집약해 놓았다.**

— 20장. 양피지의 글을 해독한 아우렐리아노(II)는 예언 내용이 시간을 붕괴시켜 마콘도의 전체 역사가 단 한순간에 일어난다는 것을 깨닫는다. 가르시아 마르케스는 거의 연대기 식으로 이 작품을 썼지만 줄곧 이 같은 시간의 중복에 관한 암시가 있었다. 과거의 유령들이 현재에 나타나고, 미래가 과거 행위에 바탕을 두고 형태를 갖추며, 기억상실증이 마콘도 주민들을 과거도 아니고 미래도 아닌 영원한 현재 속으로 빠뜨리는 것. 다시 말해, 마콘도의 시간은 언제나 기묘하게 전개된다. 오로지 이 최후의 순간에 우리는 마콘도에는 두 종류의 시간, 즉 직선적인 시간과 주기적인 시간이 존재한다는 것을 알게 된다. 그들 두 가지 시간은 항상 동시에 존재했으며, 심지어 부엔디아 가문 사람들은 직선적인 시간을 따라 전진할 때조차 계속 축소되는 나선형으로 시간의 출발점을 향해 되돌아가고 있다.

5. **(아우렐리아노(II)는) 자신이 결코 이 방에서 떠날 수 없다는 것을 이미 알고 있었다. 아우렐리아노 바빌로니아는 양피지 내용의 해독을 마치는 그 순간에 거울(혹은 환상)의 도시가 바람에 의해 흔적도 없이 파괴되고 인간의 기억에서 추방되리라는 것과 백 년 동안의 고독이 운명 지워진 종족들은 지상에서 두 번째 기회를 갖지 못하기 때문에 양피지에 쓰인 모든 내용이 태곳적 이래 영원히 다시는 반복될 수 없다는 점을 예견했던 것이다.**

— 20장. 아우렐리아노(II)는 멜키아데스의 글을 읽으면서 그 속에 가문의 파멸이 예언되고 있기 때문에 자신은 결코 그 저택을 떠날 수 없다는 것을 깨달았다. 그 예언들이 묘사하는 운명을 절대적으로 믿는 것. 이 같은 운명에 관한 언급으로 인해 다수 비평가들은 〈백 년 동안의 고독〉을 비관적인 소설이라고 생각했다. 인간에게는 자유의지가 없고, 모든 행위는 예정되어 있다고 말하는 것 같기 때문이다.

마콘도가 '거울(또는 환상)'의 도시라는 묘사도 생각할 점이 아주 많다. 거울에 관한 언급은 마지막 예언적인 장면, 즉 아우렐리아노(II)가 자신에 관한 글을 읽는 자신에 관한 글을 읽으면서 '마치 말하는 거울을 들여다보는' 느낌이 들 때, 이미 한 차례 나왔다. 그렇다면, '거울의 도시'는 모든 것이 글 속에 비치는 도시다. 마콘도의 기록된 반사는 예언 속뿐만 아니라 〈백 년 동안의 고독〉 자체 속에도 존재한다. 가르시아 마르케스는 허구적 영상들인 환상과 거울을 짝지어 놓아 마콘도의 실체에 의문을 갖도록 우리를 유도하고, 우리가 그 마을의 이야기를 읽고 상상하는 우리의 행위를 인식하고 있도록 강제한다.

읽기와 해석에 대한 강조는 이 구절에서도 매우 중요하다. 아우렐리아노(II)는 방금 아버지의 이름을 알았고, 처음으로 자신을 '아우렐리아노 바빌로니아'라고 언급한다. 바벨탑에 관한 언급은 예언의 번역자이자 해설자로서의 그의 역할과 언어를 강조한다. 가르시아 마르케스는 이야기를 설명하는 행위에 초자연적인 힘을 부여하고, 읽기를 마을을 파괴하고 기억을 지울 수 있는 행위로 만들면서, 독자인 우리들에게 해설의 힘을 인식함과 동시에 마콘도의 창설과 파괴가 전적으로 우리 자신의 읽기 행위에 의해 초래되었다는 것도 이해하도록 요구한다.

Key Facts

제목: 백 년 동안의 고독 One Hundred Years of Solitude

작가: 가브리엘 가르시아 마르케스 Gabriel García Márquez

작품 유형: 소설

장르: 마술적 사실주의

언어: 스페인어

집필 시기와 장소: 1965-67년, 멕시코 시티

초판발행 연도: 1967년

출판사: 에디토리알 수드아메리카노스, S.A. Editorial Sudamericanos, S.A.

화자: 전지전능한 익명의 인물. 기본적으로 부엔디아 가문 사람들의 행동과 기분에 일차적인 관심을 기울인다.

관점: 3인칭. 그러나 가끔 등장인물 가운데 한 사람이 바라본 세계를 독자에게 보여주기 위해 생생한 묘사를 활용한다.

어조: 항상 경이감을 느끼며 집필하는 작가는 등장인물들의 깊은 감정에 진심으로 공감하면서도 일정한 거리를 유지함으로써 독자에게 이 작품이 현대 교양인의 눈에 비친 마콘도에 관한 설명이란 사실을 항상 일깨워준다.

시제: 이따금 회상을 곁들인 과거. 그리고 미래 사건들에 관한 한 문장짜리 간략한 언급

배경(시간): 1800년대 초부터 1900년대 중반까지

배경(장소): 콜롬비아의 가상 마을 마콘도

주인공: 부엔디아 가문과 가문의 정신이자 대들보인 우르술

라 이가란

주요 갈등: 낡은 생활방식과 새로운 생활방식 사이의 충돌, 전통과 현대의 충돌

상승: 마콘도에서 벌어지는 내란과 바나나 농장 건설

클라이맥스: 파업노동자들과 주민들이 기차 역 광장에서 학살당하는 사건

하강(클라이맥스 다음 이야기): 바나나 농장들이 폐쇄되고 마콘도는 과거의 낙후 상태로 되돌아간다. 부엔디아 가문은 서서히 사라져간다. 마침내 멜키아데스 예언서의 해독법을 발견한 아우렐리아노(II)는 부엔디아 가문의 흥망이 이미 예언되어 있었다는 사실을 깨닫는다.

주제: 경험한 현실의 주관성, 과거 · 현재 · 미래의 불가분성, 해석의 힘과 언어의 힘

모티프: 기억과 망각, 성서, 집시족

상징: 작은 황금물고기, 철도, 영어 백과사전, 황금요강

전조: 아우렐리아노 부엔디아 대령과 아르카디오의 총살형이 여러 부분에서 강하게 예언된다. 마침내 예언을 해석하는 묵시록적 행위의 징조도 소설 전반에 걸쳐 나타난다. 이야기 도중에 예언을 종종 끼워 넣어 가문의 다양한 사람들이 서로 다른 시대에 그 징조를 보고 당혹스러워한다.

Study Questions

다음 질문에 대해 간단히 서술하시오.(—부분은 참고만 할 것)

1. **〈백 년 동안의 고독〉이 환상적이고 마술적인 요소에도 불구하고 사실적 소설이라고 주장할 수 있는 이유는?**

— 이 작품은 전통적인 사실주의 소설들과 형식적 요소를 많이 공유하고 있으며, 폭력과 성의 묘사를 회피하지 않고, 복잡한 정치 · 사회 문제도 직접 다룬다. 전반적인 어조는 사건들이 실제 벌어지는 것처럼 직설적으로 묘사하기 때문에 사실적이다.

'마술적'이거나 '환상적'으로 보이는 요소들조차 가르시아 마르케스의 현실을 나타내는 이 소설은 현대화와 산업화 이전 시대에 갇혀 있고, 내전에 상처받고, 제국주의에 침탈당한 라틴 아메리카의 독특한 현실을 묘사하고 있다. 그 같은 환경에서는 여느 때라면 믿기 어려울 듯한 상황이 작가와 독자 모두에게 흔한 일처럼 여겨지기 시작한다. 가르시아 마르케스의 고향도 마콘도의 노동자 대학살과 흡사한 사건을 겪었다. 가르시아 마르케스의 라틴 아메리카에서는 공포와 아름다움이 공존하는 현실 생활이 끔찍하면서도 아름다운 환상처럼 보이기 시작하고, 그의 소설은 현실 생활에서 느껴지는 그 감정을 재창조하고 포착하려는 시도이자, 성서적이면서도 토착적인 라틴 아메리카의 신화를 사실과 똑같은 신뢰도 차원에서 받아들이고 있으며, 미신과 종교가 이 세상에 주입한 마술에 민감하다. 따라서 초현실과 현실 사이의 통일을 주장한다는 의미에서 사실주의적인 소설이다. 즉 마술은 우리가 아무렇지도 않게 현실이라고 받아들이는 것만큼이나 우리와 연관되어 있고, 생활 속에 존재하며, 강력하고 사실적이라고 주장하는 것.

2. 〈백 년 동안의 고독〉은 현대화에 대해 어떤 태도를 취하는가? 전통에 대해서는 어떤 태도를 취하는가?

— 현대 기술과 문화는 그것들과 연관된 자본주의와 함께 종종 마콘도를 불안정하게 만든다. 기차의 도착은 마을을 혼란에 빠뜨리고, 바나나 회사는 소설 속에 등장하는 몇몇 사악한 세력 가운데 하나인 것. 반면, 전통은 위안과 지혜의 원천이자, 소설의 공식적인 영감의 원천이기도 하다. 즉 이 작품은 토착 라틴 아메리카의 민담과 신화적 전통의 덕을 많이 보고 있다. 그러나 전통과 현대적인 것 사이의 구분은 그리 간단치 않다. 이를테면, 소설 속에서 가장 존경받는 등장인물들은 전통적인 도덕규범이 아니라 훨씬 더 진보적인 쪽을 택하고 있다. 하나의 예로 아우렐리아노 세군도에게는 페트라 코테스와의 혼외정사가 득이 된다. 전통적인 가톨릭 신앙은 억압적으로 간주되는 반면, 소설 자체의 현대적 도덕규범이 힘을 얻는 것.

3. 미국 비평가 해롤드 블룸은 〈백 년 동안의 고독〉을 "마콘도의 성경"이라고 부르는데, 어느 정도나 맞는 말인가? 이 작품은 어느 정도나 성경의 형식을 따르고, 어느 정도나 다른가?

— 세계의 미개척지, 생긴 지 얼마 안 되어 아직도 많은 사물에 이름이 없는 세상에 살고 있는 두 인물과 함께 시작되는 이 작품은 무엇보다도 구성상의 몇 가지 요소가 성경과 흡사하다. 그들 두 사람은 아담과 이브처럼 후손들을 낳아 세상에 퍼뜨리고, 그 후손들은 그 세상이 고통이나 죽음이 없는 원시적인 아름다움의 상태로부터 점점 멀어지는 것을 경험한다. 3천여 명이 목숨을 잃은 대학살 사건 때는 거의 5

년 동안 비가 내리면서 성서에 나오는 노아 시대의 홍수처럼 세상을 물로 쓸어버렸다.

그러나 구성요소 이외에도 양식상의 특징들 때문에 성경과 비슷한 방식으로 기능한다. 사건들의 전체 과정들을 멜키아데스가 예언할 뿐만 아니라, 끝부분에서는 그 예언과 우리가 읽고 있는 실제 소설 사이의 구분도 모호해지기 때문에 이 작품이 성경처럼 예언서가 될 수 있는 것이다. 그렇지만 그 예언들은 성경의 예언이 읽는 사람들에게 영향을 주듯, 반드시 마콘도 주민들에게 영향을 주지는 않는다. 만약 이 작품이 멜키아데스의 예언들과 실제로 일치하더라도 그 예언들은 산스크리트어로 쓰여 있기 때문에 마콘도 주민들은 미래에 대한 지침이나 정보로 의존할 수 없다. 그리고 성경은 오랜 세월에 걸쳐 주해와 해석이 이루어졌으나 〈백 년 동안의 고독〉은 마침내 예언을 해석한 아우렐리아노(II)와 독자들만 접근할 수 있을 뿐이다. 그 결과, 이 작품의 예언들은 가장 활용도가 높은 사람들에게는 침묵을 지키며 접근을 허용하지 않는다.

4. **〈백 년 동안의 고독〉은 어떤 점에서 인류 문명의 역사에 관한 우화로 간주될 수 있는가?**

5. **가르시아 마르케스는 〈백 년 동안의 고독〉에서 상징주의를 어떻게 이용하는가? 이 작품은 어느 정도나 상징, 비유, 우화의 연결망으로 기능하고, 어느 정도나 이야기체 문학으로 홀로 설 수 있는가?**

6. **〈백 년 동안의 고독〉은 많은 이원론 사이에 다리를 놓고 많은 독자들에게 공감을 일으키려고 드는 매우 야심적인 작품인데, 일반적이면서도 특수하고, 사실적이면서도 마술적인 점이 특징이다. 그처럼**

폭넓은 경험과 목소리를 포괄하려는 시도는 성공했는가? 줄거리 전개에는 어떤 결점이 있는가?

7. 당신은 〈백 년 동안의 고독〉의 어느 인물과 가장 비슷한가? 그 이유는 무엇인가? 이 작품에서 정말로 존경할 만한 인물과 사악한 인물을 꼽는다면 누구인가?

8. 이 작품은 인간의 본성을 어떻게 이해하고 있는가? 이 작품은 근본적으로 낙관적인 소설인가? 가르시아 마르케스는 사랑이 어느 정도나 가능하다고 믿는가?

9. 제목 〈백 년 동안의 고독〉은 이 작품의 이야기에 대해 어느 정도나 중요한 설명을 해주는가? 이 작품은 지식과 고독 사이에 어떤 연관 관계를 설정하는가? 고독은 인간 본성의 불가피한 조건인가?

10. 〈백 년 동안의 고독〉이 특히 라틴 아메리카의 문화와 정치에 관심을 기울인 소설이란 주장에는 얼마나 공감하는가? 이 소설은 어느 정도나 모든 독자에게 폭넓은 호소력을 발휘하도록 고안되었다고 생각하는가?

Review Quiz

다음 질문에 알맞은 답을 고르시오.

1. 마콘도에 자석과 확대경을 들여온 집시는?

A. 리오하차
B. 멜키아데스
C. 테오필로
D. 바르가스

2. 먹기 시합에서 아우렐리아노 세군도를 이긴 여자의 별명은?

A. 레메디오스
B. 코끼리
C. 페트라 코테스
D. 로우르데스

3. 아우렐리아노 부엔디아 대령이 전쟁에서 손을 뗀 후 소일거리로 만들어 파는 것은?

A. 황금물고기
B. 도자기
C. 복권
D. 지도

4. 호세 아르카디오 부엔디아가 자기를 조롱한다며 죽인 사람은?

A. 지오반니 델라 미란돌라
B. 마리오 발가스 요사
C. 엘 카포
D. 프루덴치오 아길라

5. 특정 시점 이후에 아우렐리아노 부엔디아 대령의 아들 17명을 구분하는 표시는?

A. 모두 아주 뚱뚱하다.
B. 모두 황금의 눈을 갖고 있다.
C. 모두 이마에 재로 그린 십자가가 있다.

D. 모두 검은 옷을 입고 있다.

6. 아우렐리아노 트리스테가 마콘도에 들여오는 발명품은?

A. 철도
B. 자이로스코프
C. 비행기
D. 화약

7. 내전을 벌이는 정파들은?

A. 군주제 추종자들과 왕당파
B. 진보파와 보수파
C. 과격주의 세력과 평화주의 세력
D. 휘그당과 토리당

8. 부엔디아 가문의 전설에 따르면, 근친상간으로 태어난 아기에게는 어떤 일이 벌어지는가?

A. 아주 작다.
B. 하늘 속으로 사라진다.
C. 박쥐날개가 있다.
D. 돼지꼬리가 달려 있다.

9. 미녀 레메디오스에게는 어떤 일이 벌어지는가?

A. 집시들에게 납치된다.
B. 하늘 속으로 사라진다.
C. 동네 서적상과 결혼한다.
D. 은자가 된다.

10. 정부가 아르카디오를 처형하는 방식은?

A. 총살형
B. 교수형
C. 전기의자
D. 참수형

11. 아우렐리아노(II)가 발견하는 예언서는 어떤 언어로 쓰여 있는가?

A. 라틴어
B. 히타이트어
C. 고대 그리스어
D. 산스크리트어

12. 알리리오 노구에라 박사를 가장 잘 설명하는 것은?

A. 소아과의
B. 진보파 과격인사
C. 연금술사
D. 점쟁이

13. 우르술라 이가란이 금화를 숨겨둔 곳은?

A. 침대 밑
B. 교회 안
C. 뒷마당 나무 밑
D. 아우렐리아노 부엔디아 대령의 작업실

14. 마우리치오 바빌로니아가 바나나 회사에서 하는 일은?

A. 작업반장
B. 경비원
C. 견습기계공
D. 바나나 따는 작업

15. 피에트로 크레스피가 부엔디아 저택에 가져오는 악기는?

A. 하프
B. 피아놀라
C. 하프시코드
D. 팀파니

16. 아우렐리아노 부엔디아 대령의 장인이자 마콘도의 초대 읍장은?

A. 돈 아폴리나르 모스코테
B. 돈 페드로 바스케스
C. 돈 레이몬도 오르도네스

D. 돈 이삭 아브라바넬

17. 아마란타가 후회의 표시로 죽을 때까지 몸에 지닌 것은?

A. 목에 건 십자가

B. 분홍색 머릿수건

C. 손에 감은 검은색 붕대

D. 이마 위의 가시관

18. 레베카의 나쁜 습관이 아닌 것은?

A. 흙 먹기

B. 회반죽 먹기

C. 손가락 빨기

D. 진흙 목욕

19. 아우렐리아노(II)의 애인이 되는 흑인 창녀는?

A. 니그로만타

B. 코르넬리아

C. 클라우디아 아리바타

D. 마르셀라

20. 아마란타 우르술라의 남편 가스톤이 시작하려는 사업은?

A. 석유 판매

B. 항공우편업

C. 음악 교습

D. 얼음 제조

21. 호세 아우렐리아노 세군도가 목숨을 건진 재앙은?

A. 도시의 홍수

B. 교회의 대화재

C. 지진으로 인한 부엔디아 저택의 붕괴

D. 파업노동자와 주민 대학살

22. 아우렐리아노 세군도와 페트라 코테스가 부자가 되는 방법은?

A. 우르술라 이가란이 묻어놓은 금화를 찾아낸다.

B. 농장 가축들이 빨리 번식한다.

C. 직접 만든 과자를 판매한다.

D. 바나나 농장에서 일한다.

23. 아우렐리아노 호세가 병사들에게 쫓기다가 총을 맞는 곳은?

A. 영화관 B. 예배당

C. 사창가 D. 부엔디아 저택

24. 레베카가 마콘도에 옮기는 전염병은?

A. 홍역 B. 불면증

C. 나병 D. 천연두

25. 아우렐리아노(II)와 우르술라가 짓는 아기 이름은?

A. 아우렐리아노

B. 마우리치오 바빌로니아

C. 호세

D. 게리넬도 마르케스

정답

1. B 2. B 3. A 4. D 5. C 6. A 7. B 8. D 9. B 10. A
11. D 12. B 13. A 14. C 15. B 16. A 17. C 18. D 19. A 20. B
21. D 22. B 23. A 24. B 25. A